Alexander Juraske

First Vienna Football Club

Fußballfibel

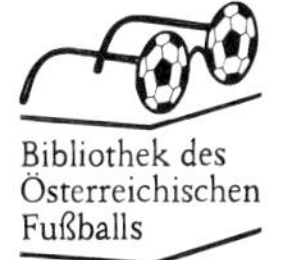

Herausgegeben von Thomas Pöltl und Frank Willmann

Autor:

Alexander Juraske, Jahrgang 1974, stammt aus einer erzblau-gelben Familie – sein Großvater spielte als Profi bei den Döblingern – und wäre wahrscheinlich enterbt worden, hätte er sich für einen anderen Verein entschieden. Promovierter Historiker mit zahlreichen Publikationen zum First Vienna Football Club 1894 sowie zu Themen der Sportgeschichte, schreibt für das Fußballmagazin ballesterer, aktuell Mitarbeiter der Büchereien Wien. Seit den frühen 1980er Jahren leidgeprüfter Besucher des Stadions Hohe Warte und 2014 Gründungsmitglied der First Vienna Football Club 1894 Supporters.

Bildnachweis:

Alexander Juraske: S. 5, 11, 17, 19, 23, 33, 35, 56, 63, 71, 78, 85, 93, 116, 125, 136;
Andreas Ecker: S. 37, 43, 44, 46, 50, 105, 120, 133, 143;
Karin Haslacher: S. 74;
Alexander F.: S. 102;
Ines S.: S. 110.

ISBN: 978-3-944068-60-2
Die Deutsche Nationalbibliothek verzeichnet diese Publikation in der Deutschen Nationalbibliografie; detaillierte bibliografische Daten sind im Internet über http://dnb.d-nb.de abrufbar.

Verlag:
CULTURCON medien
Inh. Bernd Oeljeschläger
Melanchthonstraße 13
10557 Berlin
Telefon 030 / 3439 8440
www.culturcon.de
Redaktion und Lektorat: Nelly Möller
Gestaltung und Satz: Burkhard Kehl, Berlin
Coverentwicklung: Marcus Gruber, Berlin
Druck: Florian Isensee Gmbh, Oldenburg

Vorwort 4

Die Vereinsgeschichte

Im Garten des Barons 7
Der Fußball etabliert sich 11
Think Big in Döbling 14
Der Verein im Nationalsozialismus 18
Vom Meister zur Fahrstuhlmannschaft 20
Große Träume und ein Weltmeister 22
Ausflug nach Europa 25
Sturz in die Bedeutungslosigkeit 28

Die Fans der Vienna

Blau-Gelbe Identität 37
Zaghafte Anfänge organisierter Fankultur 40
Döblinger Kojoten und Old Firm 41
Endless love or only a drunken one-night stand? –
Das „Derby of Love“ 44
New Kids on the Block 47
First Vienna Football Club 1894 Supporters 49
5. Liga, was nun? 51

Interviews

Mit Herz und Volldampf 55
Wir wollen Santos! 62
Autogrammstunde in der Oper 68
Fahnen auf den Boden! 76
Kommando Dudelsack 84
Es geht sich immer nicht aus 92
Südtirol Connection 101
Gekommen, um zu bleiben 110
Ohne Scheuklappen und Schubladen 118
Kuss auf der Stiege 125

Viennalia

Erfolge und Statistik 135
Liedgut 137
Begriffsglossar 144
Sprachglossar „Wienerisch“ 146
Weiterführende Quellen zum Thema 147

Vorwort

Am 22. August 2019 feiert der First Vienna Football Club 1894 seinen 125. Geburtstag.

2017 stürzte der Verein in die 5. Spielklasse ab. Niemals in seiner Geschichte zuvor musste Österreichs ältester Fußballklub in einer so tiefen Liga spielen. Die ruhmreichen Jahre mit sechs Meistertiteln und drei Cupsiegen sind vorbei; in der unmittelbaren Vergangenheit schien der Verein durch eigenes Unvermögen von Krise zu Krise zu taumeln. Der damit verbundene Ausnahmezustand ist mittlerweile beinahe dauerhaft und zehrt an den Nerven der Fans. Funktionäre, Trainer und Spieler wechseln permanent. Eine Konstante bilden einzig die Anhängerinnen und Anhänger, sie greifen dem Verein immer wieder organisatorisch und finanziell unter die Arme. Unbeirrbar pilgern sie Spiel für Spiel auf die Hohe Warte und unterstützen mit ihrem positiven und bunten Support ihre Mannschaft auch bei den Auswärtsfahrten über Stadt und Land.

Dieses Buch handelt von ihnen. Nach zwei einführenden Kapiteln zur Vereins- und Fangeschichte bilden zehn Interviews mit elf Protagonistinnen und Protagonisten aus der blau-gelben Fanszene den Hauptteil. Aus drei unterschiedlichen Fangenerationen stammend, gewährten mir meine Gesprächspartnerinnen und -partner einzigartige Einblicke in ihr Leben mit und rund um die Vienna.

Sich über Interviews der heterogenen blau-gelben Fanszene zu nähern, dafür bietet die Reihe der Fußballfibeln mit ihrem offenen Konzept eine wunderbare Möglichkeit. In der mitunter starren Welt der Fußballbücher, in der allzu oft Triumphe, Titel und Siege im Vordergrund stehen, gleicht in dieser Serie kein Buch dem anderen. Was sie aber verbindet und gleich einem roten Faden durchzieht, ist die Liebe der Fans zu ihren jeweiligen Vereinen.

Zur Entstehung dieses Buches haben viele Personen in ganz unterschiedlicher Form beigetragen. Zu großem Dank verpflichtet bin ich meinen lieben Gesprächspartnerinnen und Gesprächspartnern Ale, Annika und Jan, Edi, Erwin, Ines, Karin, Leo, Michael, Robert und Thomas sowie Andreas Ecker für die Bereitstellung von tollen Fotos. Ferne danke ich Herausgeber Frank Willmann für sein Vertrauen in mich und Thomas Pöltl, der als „Verbinder“ zur Entstehung der österreichischen Fußballfibeln entscheidend beigetragen hat. Seine sorgfältige Durchsicht des Manuskripts war mir darüber hinaus eine große Hilfe. Ferner danke ich meiner Lektorin Nelly Möller von CULTURCON medien für die gewissenhafte und sorgsame Verarbeitung des Textes. Der größte Dank gebührt Susanne, die meinen Schreibprozess hautnah und wohlwollend begleitete, die mir immer mit Rat und Tat zur Seite stand und die mit wichtigen Fragen, Korrekturen und Anmerkungen zur Fertigstellung des Buches immens beigetragen hat.

Der kleinen Alma und allen anderen kleinen und großen Vienna-Fans, die sich Wochenende für Wochenende ihren blaugelben Schal schnappen und zur Hohen Warte hinausfahren, ist dieses Buch gewidmet.

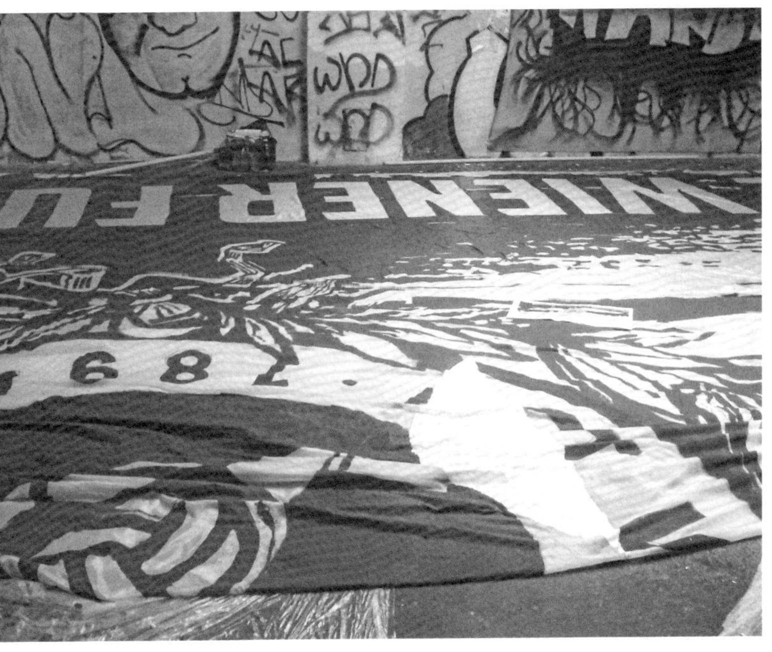

Choreomalen an geheimem Ort, Mai 2014.

Die Vereinsgeschichte

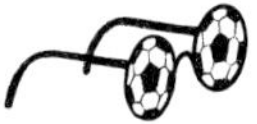

Am Ende des 19. Jahrhunderts lag die österreichisch-ungarische Monarchie in ihren letzten Zügen. Wien war damals die prosperierende Hauptstadt einer doch zum Untergang geweihten Welt. Es ist die Stadt eines Sigmund Freud, eines Gustav Klimt oder eines Arthur Schnitzler. Ein junger Kunstmaler aus der oberösterreichischen Provinz liebt die Musik Gustav Mahlers und rasselt durch die Aufnahmeprüfung der Akademie für Bildende Künste. Vor dem Zusammenbruch des bestehenden politischen Gefüges floriert das gesellschaftliche Leben. Wer Wien damals kennenlernen wollte, der musste ins Kaffeehaus gehen. Dort verbrachten Großindustrielle und Intellektuelle, Professoren und Clochards Seite an Seite ihre Tage. Man machte dort Geschäfte, schrieb Bücher und vertrödelte seine Zeit. Nicht wenige von ihnen ließen sich dorthin Post und Wäsche nachschicken und waren wahlweise für Ehefrau oder Freundin nicht erreichbar. Der Herr Ober kannte seine Gäste und stellte jedem ohne Aufforderung sein Lieblingsgetränk nebst Lieblingszeitung hin.

Fern dem geschäftigen Treiben in der Innenstadt liegt in fast ländlicher Beschaulichkeit der Hügel Hohe Warte. Wir befinden uns im Bezirk Döbling – im Wienerischen „Döb-e-ling“ ausgesprochen. Dieser 19. Wiener Gemeindebezirk war erst 1892 aus acht Vororten im Nordosten Wiens entstanden. Schon früh hatten sich die Reichen und Schönen Wiens hier in den grünen Ausläufern des Wienerwaldes angesiedelt. Einer der prominentesten Anwohner war seinerzeit ein Baron, wie könnte es in einer Doppelmonarchie anders sein. Freiherr Nathaniel Meyer von Rothschild hatte hier eine weitläufige Garten- und Parkanlage errichten lassen. Hier wurden in siebzig Gewächshäusern Obst und Gemüse gezogen und der Herr Baron wachte auch über seine weltberühmte Orchideensammlung. Um 1894 kehrte Franz, ältester Sohn des Garteninspektors Anton Joli, von einem Studienaufenthalt auf den Britischen Inseln nach Wien zurück. Mit im Gepäck hatte er einen Fußball. Äußerlich topfit scheint er doch infiziert: Er hatte sich auf der Insel mit dem Fußballbazillus angesteckt. Noch ist diese Krankheit in Wien eine Seltenheit. Schnell war auch der jüngere Bruder, der Maxl, befallen und die beiden Architekturstudenten suchten Mitstreiter. Da traf es sich gut, dass der Herr Baron, ganz *up to date*, britische Landschaftsgärtner beschäftigte. Die britische Gartenarchitektur galt damals schließlich europaweit als besonders chic. So steckten nun die Joli-Brüder zusammen mit den beiden Gärtnern William Beale und Jack Black innerhalb der Rothschild-Gärten ein kleines Fußballfeld ab und jagten in einem zünftigen *two on two* dem Lederball nach.

Anstatt dem absonderlichen Treiben ein Ende zu machen, unterstützte der Herr Baron die neumodische Angewohnheit. Das passte zu dem unverheirateten Bankierserben, dem eine gewisse Exzentrik nachgesagt wurde. So pflegte der spleenige Hypochonder etwa, mit Dienerschaft und Leibarzt im Salonwagen durch Europa zu reisen. Jedenfalls unterstützte er die Ballesterer, allerdings unter einer Bedingung: Die angehenden Fußballstars sollten sich für ihr Treiben eine geeignete Stätte außerhalb seiner Gärten suchen. Um eine geeignete Spielwiese zu mieten, erhielten die jungen Fußballfreunde vom Herrn Baron auch eine finanzielle Starthilfe. Am 22. August 1894 gründete der Freundeskreis um die beiden Brüder im *Gasthof zur Schönen Aussicht* den First Vienna Football Club. Als Gründungsobmann fungierte der jüdische Buchhalter Georg Fuchs, zum ersten Kapitän wurde natürlich Franz Joli gewählt. An der Gründung dieses ersten österreichischen Fußballvereins waren Wiener Katholiken und Juden sowie Studenten aus den habsburgischen Kronländern, Briten und mit Josef Anlauf sogar ein Deutscher beteiligt. Fuchs und Anlauf setzten ihre Unterschriften unter die Gründungsstatuten. Gerade für Wiener Juden war der Fußball als britischer Sport mit Werten wie *fairplay* besonders attraktiv, denn volle Gleichberechtigung blieb ihnen in der antisemitisch aufgeladenen Wiener Gesellschaft oft verwehrt. Dabei darf auch nicht vergessen werden, dass die Fußballbetätigung in der Frühzeit ein Vergnügen des gehobenen männlichen Bürgertums war. Hier fand sich die sogenannte *jeunesse doreé* zusammen. Nach britischem Vorbild funktionierten diese ersten Fußballvereine als Clubs, in denen Vertreter einer gutsituierten gesellschaftlichen Schicht zusammenfanden.

Mit dem Geld des Barons konnte die Kuglerwiese in der Geweygasse, in unmittelbarer Nähe zu den Rothschild-Gärten, angemietet werden. Auf dem unebenen Krautacker fanden die Fußballenthusiasten ihr erstes Experimentierfeld. Als Dank übernahmen die Wiener Fußballpioniere mit den Clubfarben Blau-Gelb die Farben des Hauses Rothschild. Gärtner William Beale kreierte das Wappen, den dreibeinigen und damit immer in Bewegung befindlichen Ball – sozusagen ein 3D-Effekt der damaligen Zeit. Die blau-gelbe Triskele ist dem Wappen der Isle of Man nachempfunden – Beales Heimatinsel.

First Derby: Gärtner gegen Banker

Doch schon vor dem ersten Spiel entbrannte ein Streit, wer nun wirklich der *Erste* Wiener Fußballklub sei. Beanspruchte doch der 1892 von britischen Expats gegründete Vienna Cricket Club den Titel für sich. Die Cricketer, mehrheitlich Bankangestellte der Anglo-American Bank in Wien, betrieben nach eigenen Aussagen neben Cricket auch Fußball im Prater. Deshalb erweiterten sie ihren Vereinszweck um Fußball. Doch bei der bürokratischen Anmeldung – so viel Zeit muss sein in Wien, wo der Amtsschimmel bis heute noch sehr laut wiehert – kamen sie einen Tag zu spät und mussten der Vienna den Vortritt lassen. Damit hatte die Vienna ihren ersten Rivalen und am 15. November 1894 stand man sich auf der Kuglerwiese erstmals gegenüber. Dabei fehlte es den Döblingern nicht an Leidenschaft, aber gegen die zur Gänze aus Briten bestehende Mannschaft der Cricketer war kein Kraut gewachsen. Das erste Derby endete mit einer 0:4-Niederlage, sicher auch, weil im Gegensatz zu den Siegern nicht alle Vienna-Spieler über Stollenschuhe verfügten. First gewonnen, Spiel verloren. So hatte nun Wien sein erstes Derby, welches in der österreichischen Fußballsteinzeit als das Spiel der Spiele galt. Die Begegnungen wurden zu gesellschaftlichen Ereignissen der Oberschicht, bei denen auch der britische Botschafter immer zugegen war. Aufgrund des großen Zuschauerandrangs wurde die Kuglerwiese mit einer Holzbarriere umgeben. Das fehlte noch, dass sich Kiebitze kostenlos am Sportgeschehen delektierten! Zwar kannte man damals noch keine Eintrittskarten, aber um Eintritt zur Spielstätte zu erlangen, musste jeder Besucher oder jede Besucherin ein Spielprogramm erwerben. Es soll sich dabei auch der eine oder andere Erzherzog unter die Zuschauerschaft gemischt haben.

Sportlich mussten die blau-gelben Anhänger bis in den April 1895 warten, bis endlich der erste Sieg über den Rivalen aus dem Prater gelang. In Ermangelung weiterer spielstarker Wiener Gegner entwickelte sich dann sehr schnell der überregionale Spielverkehr.

1896 reisten die Wiener erstmals nach Graz und Prag. Im selben Jahr verließ man auch das erste Spielfeld und bezog die etwas besser geeignete Kreindlwiese, welche sich ein kleines Stück talwärts auf dem Hügel Hohe Warte befand.

Der ehemalige englische Profifußballer Magnus „Mark“ D. Nicholson, der 1897 als Büroleiter der hiesigen Dependance von *Thomas Cook and Son* nach Wien übersiedelte und sich der Vienna anschloss, kurbelte den Spielverkehr weiter an. Fünf Jahre zuvor hatte „Old Nick“ mit West Bromwich Albion den englischen FA-Cup gewonnen. Der dreijährige Aufenthalt des ehemaligen Profis sollte zum Glücksfall für den österreichischen Fußball werden. Die mangelhaften Zustände in Wien stachelten seinen Ehrgeiz an. Er führte Tornetze in Österreich ein und schulte die vorhandenen Schiedsrichter, deren Regelkunde gravierende Lücken aufwies.

Erstmals entwickelte sich ein ernstzunehmendes Training. Auch gab der britische Lehrmeister Ernährungstipps. So ermahnte er seine Mitspieler, wenn schon nicht den Tabakgenuss zu unterlassen, diesen wenigstens doch ein wenig einzuschränken und ebenso verantwortungsvoll mit dem Genuss von Alkohol umzugehen, was natürlich bei vielen Mitstreitern Kopfschütteln hervorrief. Seine

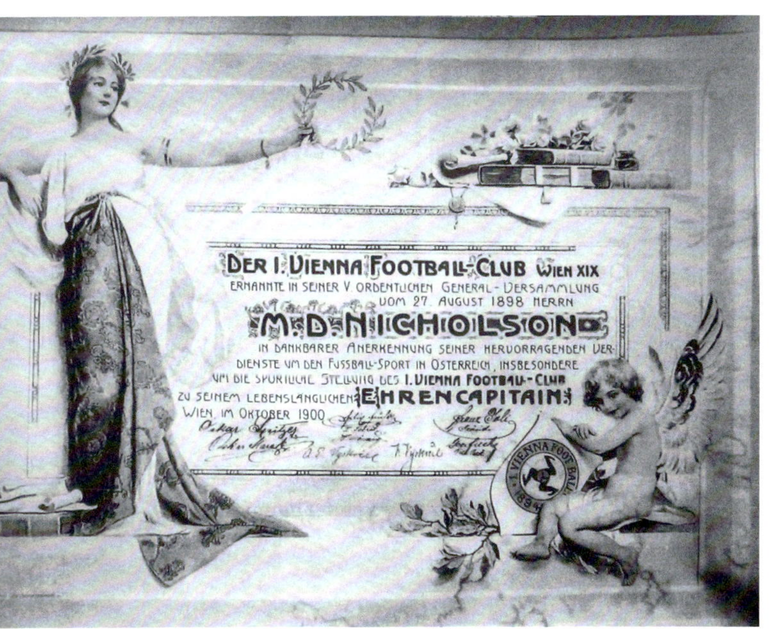

DER I. VIENNA FOOTBALL-CLUB WIEN XIX
ERNANNTE IN SEINER V. ORDENTLICHEN GENERAL-VERSAMMLUNG
VOM 27. AUGUST 1898 HERRN
M. D. NICHOLSON
IN DANKBARER ANERKENNUNG SEINER HERVORRAGENDEN VERDIENSTE UM DEN FUSSBALL-SPORT IN OSTERREICH, INSBESONDERE UM DIE SPORTLICHE STELLUNG DES I. VIENNA FOOTBALL-CLUB
ZU SEINEM LEBENSLÄNGLICHEN EHRENCAPITAIN
WIEN, IM OKTOBER 1900

Ernennungsurkunde für M.D. Nicholson zum Ehrenkapitän des First Vienna Football Club von 1900.

Der Fußball etabliert sich

Gedanken zu Training und Spiel publizierte er in mehreren Zeitungsartikeln. Damit war er der Erste, der dies regelmäßig in Österreich tat. Sein größtes Anliegen war, die Wiener Spieler an die Leistungsfähigkeit seiner an der Donau lebenden Landsleute heranzuführen. Nicholson war überzeugt davon, dass dies nur über die Intensivierung des internationalen Spielverkehrs möglich sei. Die Wiener mussten sich mit britischen Mannschaften messen, nur so konnten sie besser werden. Doch die Einladung auswärtiger Spielpartner war mit hohen Kosten verbunden.

Zusammen mit anderen Mitstreitern gründete Nicholson das Comité zur Veranstaltung von Fußball-Wettspielen. Die ersten Vereine kooperierten bei der Verpflichtung ausländischer Spielpartner. Den Investitionsaufwand suchte man mit dem Verkauf von Eintrittskarten wieder einzuspielen. So konnte 1899 ein Team der Oxford University zu zwei Gastspielen nach Wien verpflichtet werden. Im selben Jahr starteten auch die Städtespiele gegen Berlin. In der Folge kamen Begegnungen mit Budapest und Prag dazu. Anfang 1900 entstand aus dem Comité die Österreichische Fußball-Union (ÖFU), der erste österreichischen Fußballverband, dem Nicholson bis zu seinem Weggang aus Wien als Präsident vorstand. Als Trainer führte er die Vienna 1899 zum Sieg im Challenge-Cup, dem ersten Fußballwettbewerb der österreichisch-ungarischen Monarchie. Ein Jahr später gelang die Titelverteidigung.1899 verließ die Vienna dann die Kreindlwiese und bezog auf der Hohen Warte eine neue Spielstätte, dort, wo sich heute eine Pensionisten-Residenz befindet. Dieser neue Spielort war auch mit einer richtigen Tribüne ausgestattet. Zur Einweihung der neuen Anlage besiegten die Gastgeber den hochfavorisierten DFC Prag mit 2:0. Im Oktober 1900 verließ Nicholson aus beruflichen Gründen Wien. Später wirkte er noch fußballerisch in Hamburg, Kairo und Paris. Als Vienna-Ehrenkapitän auf Lebenszeit blieb er aber mit seinen Wiener Fußballfreunden in Kontakt. Er verstarb 1941 in Großbritannien.

Unabsteigbar?

In den folgenden Jahren weitete die Vienna ihre internationale Spieltätigkeit aus. Die Döblinger gastierten im Ausland und holten internationale Gastmannschaften nach Wien. Gemeinsam mit den Cricketern sträubten sie sich gegen die Einführung eines geregelten Meisterschaftsbetriebs. Beide wollten ihre Spieltage nicht mit den kleinen Wiener Vereinen wie Rapid verschwenden. Lieber reiste man nach Prag, Budapest oder auch nach Deutschland, wo die Auftritte finanziell gut entlohnt wurden. Doch die Entwicklung war nicht aufzuhalten. 1911 erfolgte die Einführung eines ersten Meisterschaftsbetriebs mit zwölf Mannschaften und schon die erste Saison zeigte, dass die Vormachtstellung der Pioniere gebrochen war. Während Rapid zum Premierenmeister gekürt wurde, landete die Vienna auf dem enttäuschenden 6. Platz. Es sollte in der Folge noch schlimmer kommen. Am Ende der Saison 1913/14 wurde man Letzter. Doch vom Abstieg wollte man in Döbling nichts wissen. Man berief sich auf die eigene Tradition und stellte einen Antrag auf Aufstockung der obersten Spielklasse, der abgelehnt wurde. Der blau-gelbe Abstieg schien besiegelt, allein die stolzen Döblinger wollten sich nicht fügen. Zusammen mit den Cricketern und einigen kleineren Vereinen gründeten sie einfach einen Gegenverband. Auf überregionaler Ebene nutzte man die guten Kontakte zu den großen Prager Mannschaften, die sich ihrerseits vom österreichischen Verband schlecht behandelt fühlten. So entstand die *Football-Union of Austrian Nations* (FUAN). Zum ersten Mal war für Österreich-Ungarn ein gemeinsamer Verband geschaffen worden, wenn auch aus purem Eigennutz einiger Vereine.

Wie der Gegenverband sich unter normalen Umständen entwickelt hätte, darüber kann nur spekuliert werden. Durch den Ausbruch des Ersten Weltkriegs und seine Auswirkungen hatte er jedenfalls keine realistische Überlebenschance. Zwar starteten die Sezessionisten mit einem eigenen Auswahlteam und einer Meisterschaft, die Vienna intensivierte ihren Spielverkehr mit der Prager Slavia und Sparta, doch die Einberufungen der Spieler machten eine Entwicklung des Verbands unmöglich. Zwischenzeitlich musste die Vienna den Spielbetrieb sogar ganz einstellen. 1916 kehrte man reumütig zum österreichischen Verband zurück und wurde in die zweithöchste Spielklasse eingereiht. Da während des Kriegs der Auf- und Abstieg ausgesetzt war, gelang erst 1919 wieder die Rückkehr in die oberste Spielklasse.

1919 zwar endlich wieder erstklassig, stand man dafür ohne Stadion da. Die Stadt Wien als Besitzerin des Geländes hatte den Pachtvertrag mit der Vienna nicht verlängert. Stattdessen übernahm eine Filmfirma das Gelände, die nach nur einem Film schon wieder in Konkurs ging. Doch in unmittelbarer Nähe, auf dem Gelände eines ehemaligen Ziegelwerks, lag ein weiterer Sportplatz. Diesen pachteten nun die Döblinger und hatten dabei Großes im Sinn. Nach den Plänen von Eduard Schönecker wurde in den mächtigen Hang der ehemaligen Ziegelei eine Riesenarena hineingesetzt. Man stürzte sich in Unkosten und am 19. Juli 1921 konnte die neue Sportanlage mit ihrem Fußballfeld sowie Tennisplätzen und einer Leichtathletikanlage eröffnet werden. Mit einer Grundfläche von rund 95.000 Quadratmetern sowie dem späteren maximalen Fassungsvermögen von offiziell 75.000 Zuschauern war die Anlage bei ihrer Eröffnung der größte Sportplatz außerhalb der Britischen Inseln. Das Risiko der hohen Kosten war man nur eingegangen, weil der Verband anscheinend zugesichert hatte, dass das österreichische Nationalteam die Anlage zukünftig nutzen würde. Schon beim ersten Länderspiel auf der Hohen Warte im April 1922 wurde der bisherige Zuschauerrekord mit 56.000 Besuchern pulverisiert. Als ein Jahr später die italienische Nationalmannschaft auf der Hohen Warte gastierte, pilgerten rund 75.000 Zuschauer nach Döbling. Inoffiziell befanden sich wohl bis zu 95.000 Zuschauer auf der Anlage sowie in der unmittelbaren Umgebung.

Doch die finanzielle Last blieb hoch und der Verein drohte Mitte der 1920er Jahre an seinen Schulden zu zerbrechen. Dem langjährigen geschäftsführenden Vizepräsidenten Alexander W. Neumann, einem jüdischen Konvertiten und Geschäftsmann, und seinen Mitstreitern gelang es aber, die Vereinsfinanzen zu stabilisieren. In der Folge konnten die Schulden kontinuierlich abgebaut werden, auch weil es Neumann verstand, die Hohe Warte als Veranstaltungsort optimal zu nutzen. Er brachte den französischen Ex-Boxweltmeister Carpentier oder den finnischen Ausnahmeläufer Paavo Nurmi nach Döbling und machte so die Veranstaltungen auf der Hohen Warte zum Stadtgespräch. Neben Fußball, Boxen und Leichtathletikwettkämpfen veranstaltete er Opernaufführungen mit bis zu 1.000 Mitwirkenden sowie die damals überaus beliebten Riesenfeuerwerke mit Tombola. Dabei überschritt er bewusst die Grenzen zwischen Hoch- und Populärkultur. Nach dem Zerfall der österreichisch-ungarischen Monarchie stillte Neumann mit seinen diversen Spektakeln auch das Verlangen des Wiener Publikums nach internationaler Anerkennung. Er intensivierte noch einmal den Spielverkehr und vermietete die Anlage auch an die Wiener Konkurrenz. Dabei sah sich Neumann gerade wegen seiner jüdischen Herkunft immer wieder harscher Kritik ausgesetzt. Von rechter Seite wurde er mit dem antisemitischen Vorurteil der Geschäftemacherei attackiert und die herbe sozialdemokratische Kritik an den Aktivitäten des Kommerzialrats schlug in dieselbe Kerbe. Die jüdische Seite verunglimpfte ihn wiederum aufgrund seiner Konversion, die er wohl seiner protestantischen Ehefrau zuliebe vollzogen hatte.

Dabei war die Erschließung neuer Finanzierungsmöglichkeiten dringend notwendig, hatte doch Österreich als erstes Land außerhalb der Britischen Inseln für die Saison 1924/25 den Professionalismus für die beiden obersten Spielklassen eingeführt. Faktisch legalisierte man so nur die unter der Hand geltende Praxis und stellte den Sport damit auf eine gesetzeskonforme wirtschaftliche Grundlage. Aufgrund der eingeschränkten finanziellen Möglichkeiten war der Profibetrieb für viele Vereine aber eine große Herausforderung. Gelder kamen damals aus den Zuschauereinnahmen, von privaten Gönnern oder Sponsoren sowie aus lukrativen Einladungen zu Freundschaftsspielen ins Ausland. In der Zwischenkriegszeit waren österreichische Vereine dort gern gesehene Gäste. So absolvierten die Wiener Spitzenmannschaften pro Saison neben zwanzig Meisterschaftsspielen bis zu achtzig Freundschaftsspiele. Viele Mannschaften waren damit permanent auf Achse. Allerdings erhielten nur wenige Vereine die finanziell lukrativsten Einladungen in die Schweiz, nach Frankreich oder Skandinavien. Die kleineren Vereine mussten mit weniger profitablen Destinationen vorliebnehmen.

So vergrößerte der Professionalismus die finanziellen Diskrepanzen zwischen großen und kleinen Vereinen. In der Folge häuften sich die Konkurse. Der Wiener Alleingang bereitete auch den Budapester und Prager Spitzenmannschaften Kopfzerbrechen, drohten doch ihre Spitzenspieler nun nach Wien zu wechseln. Daher folgten ihre Verbände dem österreichischen Vorbild und führten selbst den Professionalismus ein. Um mehr Geld zu lukrieren, wurde mit dem Mitropapokal 1927 ein internationaler Wettbewerb eingerichtet. Diese Begegnungen gehörten zu den Höhepunkten der Saison, spülten wichtige Finanzmittel in die Vereinskassen und endeten aufgrund der großen Rivalität nicht selten mit Spielabbrüchen. Der österreichische Schriftsteller Friedrich Torberg, selbst glühender Fußballanhänger, formulierte treffend, dass eine richtige Mitropapokal-Begegnung auf der Botschaft endet.

Weltklasse in (Mittel-)Europa

Mit der Einführung des Professionalismus konnte sich die Vienna Schritt für Schritt der nationalen Spitze annähern. Stützen, wie Kapitän Josef „Pepi“ Blum sowie Mittelläufer Leopold Hofmann und Stürmer Friedrich „Fritz“ Gschweidl führten den Verein 1925 und 1926 ins österreichische Cupfinale. Beide Male musste man sich aber geschlagen geben. Auch in der Meisterschaft landete man immer auf den vorderen Plätzen, ohne jedoch den Titel zu holen. Es schien, als wäre der Club aus Döbling der ewige Zweite. 1929 qualifizierte man sich wieder für das Cupfinale und diesmal konnte Rapid auf der Hohen Warte besiegt werden. Im Jahr darauf verteidigte man den Titel im Finale gegen Austria Wien. Auch in der Meisterschaft gelang nun endlich der langersehnte Sprung an die Spitze. 1931 holten die Döblinger ihre erste Meisterschaft und sicherten sich im selben Jahr auch den prestigeträchtigen Mitropapokal. Zum ersten Mal hatte diesen Wettbewerb eine Mannschaft ungeschlagen gewonnen. Das Image des ewigen Zweiten war nun endgültig abgeschüttelt. 1933 folgte die zweite Meisterschaft und 1937 der dritte und bis dato letzte Cupsieg.

Nationalspieler Blum, Gschweidl und Hofmann gehörten auch zum Stamm des legendären österreichischen Wunderteams unter Bundeskapitän Hugo Meisl, das Anfang der 1930er Jahre in zwölf Partien ungeschlagen blieb. Seine größten Triumphe – etwa den 5:0 Sieg über Schottland oder das 8:2 über den Erzrivalen Ungarn – feierte das Team auf der Hohen Warte. 1931 mit dem Bau des Praterstadions sollte das Stadion Hohe Warte jedoch an Bedeutung verlieren. In der Folge fanden die wichtigen Spiele nun im moderneren Praterstadion statt. 1936 trat die österreichische Nationalmannschaft schließlich das letzte Mal auf der Hohen Warte an.

Bei der Betrachtung der Vienna darf nicht vergessen werden, dass die Döblinger jahrelang ein Allroundsportverein waren. Neben den heute noch bestehenden Sektionen Fußball und Tennis gab es auf der Hohen Warte entsprechende Abteilungen für Boxen, Eis- und Landhockey, Leichtathletik, Schwimmen und Wasserball sowie Tischtennis. Zahlreiche blau-gelbe Sportler und Sportlerinnen nahmen erfolgreich an nationalen und internationalen Wettbewerben teil. Der Verein stellte Teilnehmer an den Olympischen Spielen, darunter auch einen Medaillengewinner – Franz Mandl, Silbermedaillengewinner mit der österreichischen Fußballauswahl bei den Olympischen Spielen 1936 in Berlin. Neben den sportlichen Aktivitäten entstand auch ein reiches gesellschaftliches Vereinsleben mit Bällen und unterschiedlichsten kulturellen Veranstaltungen.

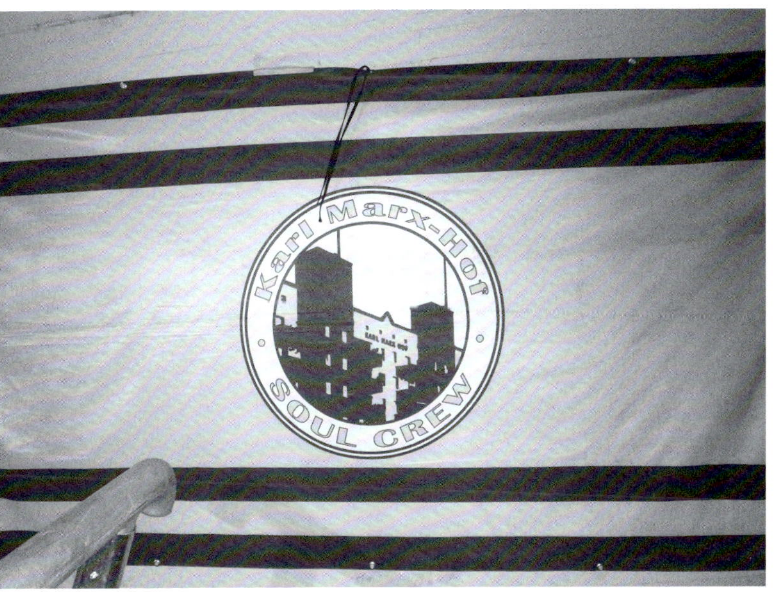

Banner „Karl Marx Hof Soul Crew", Fanklub der Vienna.

Die nationalsozialistische Machtergreifung im März 1938 hatte weitreichende Auswirkungen auf das österreichische Sportleben. Juden und Jüdinnen wurden umgehend aus dem Vereinsleben entfernt. Für die Döblinger hatte dies weitreichende Konsequenzen, waren doch von der Gründung bis 1938 ein Drittel der Vienna-Funktionäre Juden gewesen. Viele jüdische Funktionäre hatten darüber hinaus als Mäzene den Spielbetrieb der Vienna finanziell unterstützt. Soweit bis heute bekannt, fielen zwei namhafte jüdische Vienna-Funktionäre dem nationalsozialistischen Regime zum Opfer. Der Jurist Dr. Rudolf Spitzer, Gründungsmitglied und langjähriges Vorstandsmitglied, sowie der langjährige Sektionsleiter und Fuhrunternehmer Rudolf Grünwald wurden in nationalsozialistischen Konzentrationslagern ermordet. Unter der Leitung von Grünwald hatte die Fußballsektion im Ersten Weltkrieg den Spielbetrieb wieder aufgenommen und 1919 die oberste Spielklasse erreicht.

Trotz der Liquidation des Profifußballs durch die neuen Machthaber und Eingliederung in das reichsdeutsche Ligasystem nahm die sportliche Entwicklung der blau-gelben Fußballer keinen schwerwiegenden Schaden. In der neueingerichteten Gauklasse Ostmark, die das ehemalige österreichische Bundesgebiet umfasste, de facto aber eine Wiener Liga war (von kleinen Ausnahmen abgesehen), gehörte die Vienna weiter zu den besten Mannschaften. Ab 1942 sicherten sich die Döblinger dreimal in Folge den Titel in der Gauliga und zogen einmal ins deutsche Meisterschaftsfinale ein. Im Berliner Olympiastadion musste man sich aber dem FC Schalke 04 mit 0:2 geschlagen geben. Dafür gewann die Vienna ein Jahr später durch einen Finalsieg über den Luftwaffen-Sportverein (LSV) Hamburg den Tschammerpokal.

Mit fortschreitender Kriegsentwicklung wurde der Meisterschaftsbetrieb zusehends zur Farce. Sportliche Erfolge erzielten vorrangig jene Vereine, denen es besser gelang, die eigenen Spieler vor der Rekrutierung zu schützen oder etwaige Abgänge durch Gastspieler zu kompensieren. Mit Fortdauer des Krieges durften einberufene Fußballer neben ihrem Heimatverein auch als Gastspieler am Ort ihrer Stationierung tätig sein. Beides scheint der Vienna gut gelungen zu sein, wobei die Hintergründe noch nicht restlos aufgeklärt sind. Eine Schlüsselrolle dabei nahm Vienna-Funktionär

Curt Reinisch ein, der seinen Kriegsdienst in der Personalabteilung der Sanitätsabteilung Wien versah. So konnte er etwa Toptorjäger Karl Decker mit kleineren Unterbrechungen über die gesamte Kriegszeit bei der Vienna halten. Unter den zwölf Gastspielern aus dem „Altreich", die zwischen 1942 und 1944 bei der Vienna spielten, war der Hamburger Rudi Noack der Bekannteste. Gerade der ehemalige HSV-Spieler, der auch in Wien die Rolle des Spielmachers übernahm, hatte durch seinen Treffer in der Verlängerung über den LSV Hamburg entscheidenden Anteil am Titelgewinn 1943.

Trotz aller Unwägbarkeiten wurden in Wien noch bis März 1945 Fußballspiele ausgetragen. Auf der Hohen Warte selbst war nicht mehr an Sport zu denken, befand sich dort doch eine Flakstellung. Gegen Kriegsende verheerten schwere Bombentreffer die Anlage. Bei der Eroberung des Geländes durch die Rote Armee ging das Vereinshaus in Flammen auf.

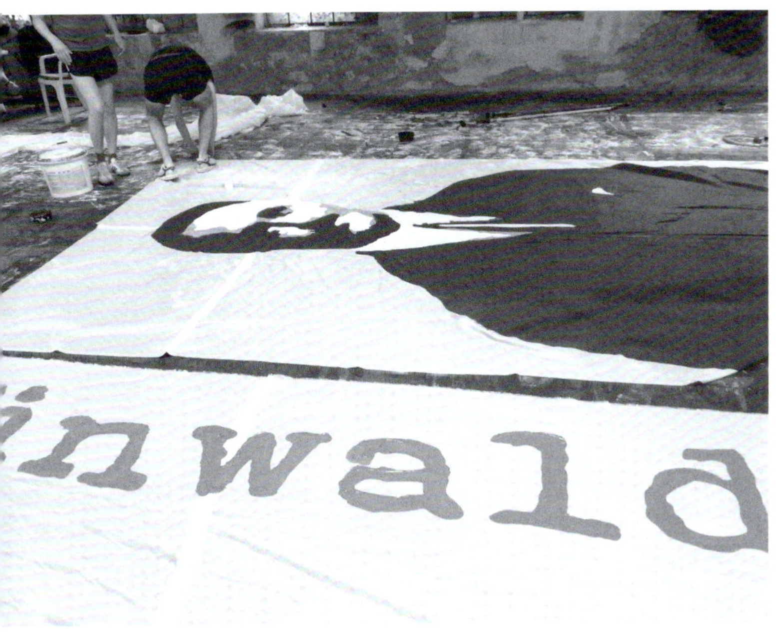

Vorbereitungen der Vienna-Fans für die Gedenkchoreo für Rudolf Grünwald, Juni 2018.

Im Zuge des Zonenabkommens der Alliierten fiel Döbling an die US-Amerikaner und die Anlage wurde im Oktober 1945 von den United States Forces in Austria (USFA) übernommen. Man einigte sich auf eine gemeinsame Nutzung. Nach ersten Instandsetzungsarbeiten nutzte die USFA das Hauptfeld als *„Viking Field"* für Baseball- und American Footballspiele US-amerikanischer Militärmannschaften. Die Vienna selbst musste sich mit dem kleinen Trainingsplatz hinter dem Hauptfeld begnügen. Erst im September 1951 konnte hier wieder eine Meisterschaftsbegegnung stattfinden. Zähe Verhandlungen zwischen USFA und Verein endeten in der Folge mit einem Platztausch. Im Mai 1952 kehrten die Döblinger wieder auf das Hauptfeld zurück, doch es sollte noch bis Anfang März 1953 dauern, bis wieder Meisterschaftsbegegnungen veranstaltet wurden. Nach einer entsprechenden Adaptierung und mit einer neuen Holztribüne versehen, verfügte die Anlage nun über rund 30.000 Plätze, davon 7.000 Sitzplätze.

Die Döblinger blieben nach Kriegsende im nationalen Spitzenfeld, auch wenn es vorerst nicht mit einem weiteren Titel klappen sollte. 1946 hatte man zwar das Cupfinale erreicht, dort aber gegen Rapid verloren. Die Vienna-Spieler Kurt Schmied und Karl Koller zählten zu den Stützen der österreichischen Nationalmannschaft, die bei der Fußballweltmeisterschaft 1954 in der Schweiz den 3. Platz erreichen konnte. In der folgenden Saison 1954/55 sollte es dann für die Vienna wieder mit der Meisterschaft klappen. Der ehemalige Wunderteamspieler Leopold Hofmann als Trainer führte eine Mannschaft um die beiden WM-Teilnehmer sowie Hans Menasse, Otto Walzhofer und Rudi Röckl zum Titel. Einen großen Anteil daran hatte der 17-jährige Johann Buzek, dem im Frühjahr 1955 der Sprung aus dem Nachwuchs in die erste Mannschaft gelungen war. Seine Tore sicherten den sechsten und bis heute letzten Meistertitel der Vienna. Im Oktober 1955 feierte Buzek auch sein Debüt im österreichischen Nationalteam. Erst 2009 wurde er von David Alaba als jüngster österreichischer Teamspieler aller Zeiten abgelöst.

1961 erreichte die Vienna in der Meisterschaft noch einmal den 2. Platz und unterlag im Cupfinale wieder einmal Rapid. Im Laufe der 1960er Jahre geriet der Verein aber in eine Abwärtsspirale, die in der Saison 1967/68 im zweiten Abstieg der Vereinsgeschichte endete. Die Gründe für die Fehlentwicklung sind vielfältig. Einerseits drängten nach 1949 verstärkt die Bundesländer-Vereine in die oberste Spielklasse, die in viel höherem Ausmaße von ihren Kommunen finanziell unterstützt wurden. In Wien konzentrierte sich diese Unterstützung auf die beiden erfolgreichsten Wiener Vereine, Rapid und Austria. Beide holten sich auch Spitzenpolitiker in ihre Führungsetagen. Keinem der kleineren Wiener Vereine gelang eine derart erfolgreiche personelle Verquickung zwischen Politik und Sport. In den folgenden Jahren mussten frühere Wiener Traditionsmannschaften fusionieren oder verschwanden in der Bedeutungslosigkeit. Abgesehen von Austria und Rapid konnten sich die Vienna und der Wiener Sport-Club noch am längsten in der obersten Spielklasse halten.

Es wäre aber zu einfach, die Gründe für die Fehlentwicklung nur außerhalb des Vereins zu suchen. Vielmehr verursachten gerade auch eigene falsche Entscheidungen den Niedergang. 1956 stürzte sich der Verein in hohe Ausgaben, um die erste Nachtspielanlage Wiens auf der Hohen Warte zu errichten. Durch die mutige Investition hoffte man, wieder wichtige internationale Spiele auf die Hohe Warte holen zu können. Doch diese Rechnung sollte nicht aufgehen. Die wichtigen internationalen Spiele fanden weiter im Praterstadion statt. Nun saß man in Döbling auf einem Schuldenberg, der Investitionen in die Mannschaft sowie in die Infrastruktur der in die Jahre gekommenen Anlage unmöglich machte.

Infolge eines geänderten Freizeitverhaltens gingen ab den 1960er Jahren die Zuschauerzahlen in den österreichischen Stadien allgemein zurück. Dies hatte natürlich negative Auswirkungen auf die finanzielle Lage vieler Vereine. Um die Liga wieder attraktiver zu machen, führte der österreichische Fußball Bund (ÖFB) nach deutschem Vorbild 1974 die Bundesliga als oberste Spielklasse ein, geplant am Reißbrett. Nicht allein sportliche Leistung, sondern geographische sowie ökonomische Gesichtspunkte sollten nun über die Ligazugehörigkeit entscheiden. Pro Bundesland war ein Vertreter vorgesehen. Aus Wien sollten zwei Vereine in der neuen Spielklasse vertreten sein. An Rapid und Austria gab es dabei kein Vorbeikommen. So mussten fünf Wiener Vereine zwangsweise den Gang in die zweithöchste Spielklasse antreten, darunter die Vienna, die sich in der Folge zu einer Fahrstuhlmannschaft entwickelte, die zwischen den Ligen pendelte.

1975 stieg Heinz Werner Krause, deutscher Generalvertreter der Computerfirma Rank Xerox, als Präsident und Sponsor bei der Vienna ein. Er hegte ambitionierte Pläne, den Verein wieder an die österreichische Spitze zu führen. Doch dem beratungsresistenten Geschäftsmann, der viel Geld in den Verein steckte, fehlte der sportliche Sachverstand bzw. eine entsprechende Vision. Krause, immer auf öffentlichkeitswirksame Inszenierung bedacht, schreckte vor teuren, aufsehenerregenden Aktionen nicht zurück, die aber wenig nachhaltig waren. So schickte er 1980 einen seiner Mitarbeiter mit einem Geldkoffer nach Barcelona, um Hans Krankl vom spanischen Spitzenklub zu verpflichten. Der österreichische Stürmerstar hatte sich mit seinem katalanischen Trainer überworfen und wollte weg, am liebsten zu Rapid, doch die Hütteldorfer schreckten vor dem teuren Transfer zurück. Nicht so Krause, der Krankl im Januar 1980 auf Leihbasis bis Saisonende auf die Hohe Warte holte. Um den drohenden Abstieg zu verhindern, hatte Krause eine teure Mannschaft um Krankl und August Starek für das Frühjahr verpflichtet. Zu Krankls erstem Auftritt just gegen Rapid in Hütteldorf reiste sogar ein spanisches Fernsehteam an. Als hätte Hollywood das Drehbuch geschrieben, gewann der Underdog beim Rekordmeister durch ein Tor von – ja, natürlich Krankl. Der verschmähte „Goleador" ließ es sich nach seinem Treffer nicht nehmen, ausgiebig vor der Funktionärsloge der Hütteldorfer zu feiern. Auch als Rapid mit einem 0:4 im Rückspiel auf der Hohen Warte besiegt wurde, steuerte Krankl zwei Treffer dazu bei.

Doch typisch für die Vienna, sollte es trotz der Tore von Krankl nicht zum Klassenerhalt reichen. Krause hatte mit seinen spektakulären Verpflichtungen zwar individuelle Klasse verpflichtet, es fehlte aber an der Abstimmung innerhalb der Mannschaft. Krankl kehrte nach Barcelona zurück und wechselte später doch noch zu Rapid. Krauses Engagement war mit dem Abstieg beendet, er geriet bald in den Verdacht, zu viele Firmengelder in den Verein gesteckt zu haben.

Wie schon zuvor pendelte die Vienna zwischen Ober- und Unterhaus, während der ÖFB an der nächsten Ligareform bastelte. Um das weiter schwindende Zuschauerinteresse anzukurbeln, wurde von Verbandsseite ein dreifaches Playoff-System für die beiden obersten Spielklassen erdacht. Doch im neuen System sollte sich der Konkurrenzkampf um die Erstklassigkeit noch weiter zuspitzen, mit dem Effekt, dass sich viele Vereine finanziell übernahmen. Wieder häuften sich die Konkurse und Traditionsmannschaften verschwanden. Auch in Döbling wollte man mithalten und setzte abermals auf einen Transfercoup. 1986 wechselte Mario Kempes, argentinischer Weltmeister und WM-Torschützenkönig aus Spanien, in die 2. österreichische Liga. Nie zuvor hatte ein Weltmeister für einen österreichischen Verein gespielt.

Doch an der schwierigen Situation der Vienna konnte auch *El Matador* nicht viel ändern, zwangen doch anhaltende Knieprobleme den argentinischen Fußballstar immer wieder zu Pausen. Aber wenn er spielte, umgab ihn weltmeisterliches Flair und er versetzte das Publikum in Staunen. Gleich einer Stradivari unter lauter Blasmusikinstrumenten schlug Kempes die Zuschauer dann in seinen Bann. Leider zu oft musste er aufgrund seiner angegriffenen Physis pausieren.

Seine Verpflichtung war nur dadurch überhaupt möglich geworden, dass sein Management an den Zuschauereinnahmen beteiligt war. Man hoffte schließlich, mit dem Weltmeister gute Kassa auf der Hohen Warte zu machen. Allerdings hätte man sich dafür keinen schlechteren Zeitpunkt aussuchen können, denn der Alltag in den österreichischen Fußballstadien gestaltete sich trist und

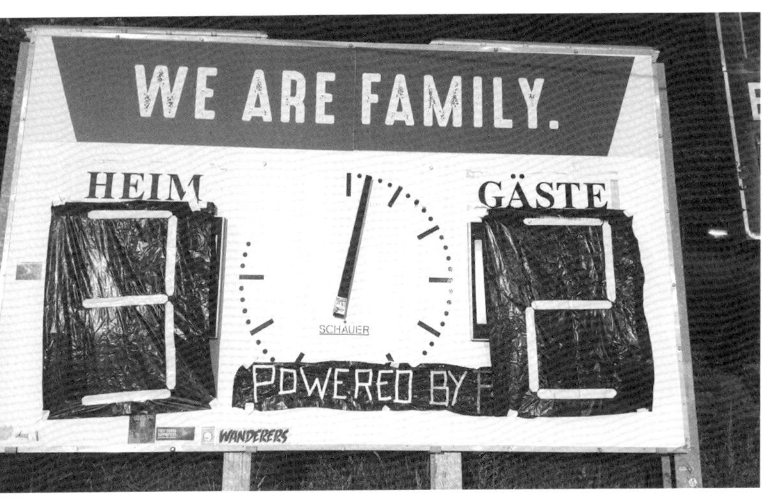

Nach Ausfall der Elektronik legen die Vienna-Fans selbst Hand an.

grau. Selbst zu den Spielen von Rekordmeister Rapid verirrten sich durchschnittlich nur rund 4.000 Zuschauer, während bekannte Neonazis versuchten, im grün-weißen Fanblock Gefolgschaft zu rekrutieren.

Auf der Hohen Warte konnte nur das kleine Derby die Zuschauerzahlen ein wenig steigern. Hier traf Kempes auf Krankl, der nun für den Wiener Sport-Club spielte. Doch auch dies konnte die Gesamtsituation nicht nachhaltig verändern. Die Besucherzahlen blieben hinter den Erwartungen zurück. Also verließ der Weltmeister die Hohe Warte wieder. Sein Management und er suchten ihr Glück nun in der niederösterreichischen Provinz, bei VSE St. Pölten und dem Kremser SC.

Nachdem 1987 der Start ins Frühjahr misslungen war, drohte die Vienna wieder einmal den Aufstieg in die oberste Spielklasse zu verpassen. Trainer Hlozek wurde durch den jungen Ernst Dokupil ersetzt. Gleich in einem seiner ersten Interviews verblüffte der junge Trainer, als er das Erreichen des Europacups als Ziel für die unmittelbare Zukunft ausgab, obwohl der Verein noch nicht mal in der obersten Spielklasse spielte. Doch Dokupil ließ Taten folgen, er stabilisierte die Mannschaft und schaffte den Aufstieg. Im folgenden Herbst qualifizierte sich die Mannschaft problemlos für das Meister-Playoff im Frühjahr. Trotzdem schienen die internationalen Startplätze außer Reichweite.

Aber der 40-jährige Dokupil zog seinen Plan durch. Als Stürmer war er während seiner aktiven Zeit bei Simmering und der Admira erfolgreich gewesen und er hatte zwei Jahre im Schatten von Hans Krankl bei Rapid gestanden. Unter der autoritären Art seiner Trainer hatte er immer gelitten; selbst in der Entscheidung, wollte er es nun anders machen und es gelang ihm, den kleinen 1. Simmeringer SC in die oberste Spielklasse zu führen. Für die Vienna sollte seine Verpflichtung zum Glücksfall werden. Dokupil hatte ein Auge für junge Spieler und erkannte, wo eine Nachwuchshoffnung nur auf der Bank saß. Er baute bei der Vienna eine neue Mannschaft mit jungen Talenten auf, holte etwa Peter Stöger und Andreas Herzog auf die Hohe Warte. Stöger hatte beim kleinen Favoritner AC schon Erstligaerfahrung sammeln können, da dort aber anscheinend niemand sein Talent erkannte, wechselte er später in die oberösterreichische Provinz zu Vorwärts Steyr. Von dort holte ihn Dokupil.

Bei Rapid bekam Nachwuchshoffnung Andreas Herzog von Trainer Otto Baric noch keine Chance in der ersten Mannschaft. Dokupil sollte es recht sein und er lieh Herzog für die Vienna aus. Kontinuierlich baute er seine Mannschaft auf, in der arrivierte Legionäre die jungen Talente führen sollten. So holte er den tschechoslowakischen Libero Jiří Ondra sowie den ungarischen Mittelfeldspieler Zoltán Péter. Die jungen Spieler erhielten viel Vertrauen von ihrem Trainer, der mit seiner ruhigen und bedächtigen Art die Mannschaft führte. Im taktischen Bereich ließ er auf Konter spielen, setzte auf junge schnelle Spieler, die bei Ballgewinn die taktische Unordnung des Gegners mit ihrer Schnelligkeit ausnutzen sollten.

Als rechten Verteidiger bot Dokupil mit Gerald Glatzmayer einen technisch versierten Mittelfeldspieler auf, dessen Schnelligkeit und gute Technik bei Angriffen über die Außenbahn voll zur Geltung kamen. Neben harter Trainingsarbeit ließ Dokupil auch den Spaß nicht zu kurz kommen. Er hatte sich dies bei US-amerikanischen Leichtathleten abgeschaut, die Spaß und Witz dazu verwendeten, sich vor einem wichtigen Wettkampf zu lockern. Er war davon beeindruckt, vor allem, weil diese Lockerheit dann oft zum Erfolg führte. Erfolg musste sich natürlich einstellen, sonst wäre der Spaß nicht vermittelbar gewesen. Wer fünfmal hintereinander verliert, dem hilft auch die größte Gaudi im Training nicht, pflegte der Trainer zu sagen. Dokupil verfolgte seinen Plan und die jungen Spieler rechtfertigten das in sie gesetzte Vertrauen mit guten Leistungen. In einer Zeit, in der die autoritären Trainer in Österreich dominierten, gab Dokupil seinen Spielern viel Freiraum, nahm sie als Persönlichkeiten ernst und setzte im Training auf gegenseitige Wertschätzung und Spaß.

Schon in seinem ersten Spiel im März 1988 traf Herzog nach Vorarbeit von Stöger. In den ersten drei Spielen der Frühjahrssaison sollte der junge Mittelfeldspieler jeweils einen Treffer erzielen. Nach dieser ersten Leistungsdemonstration meinte Rapid-Trainer Otto Baric, Andreas Herzog würde nur drei Wochen lang gut spielen und dann zurückfallen. In drei Wochen würde Herzog im Nationalteam spielen, konterte Dokupil – und sollte Recht behalten. Anfang April 1988 feierte der spätere österreichische Rekordnationalspieler sein Teamdebüt. Neben Herzog gaben auch Peter Stöger, Gerald Glatzmayer und Kurt Russ als Vienna-Spieler ihren Einstand in der österreichischen Nationalmannschaft. Glatzmayer und Russ waren gleichzeitig die letzten beiden aktiven Vienna-Spieler, die für Österreich an einer Weltmeisterschaftsendrunde teilnahmen (1990 in Italien). Die Karrieren von Andreas Herzog und Peter Stöger, aber auch die vieler anderer Spieler, wären ohne den Trainer Ernst Dokupil sicher anders verlaufen.

In einer Zeit, in der Begriffe wie Gegenpressing und Umschalten noch unbekannt waren, fegten die Döblinger aus einer gesicherten Abwehr mit ihrem blitzartigen Konterfußball durch die Liga. Aufgrund der fehlenden Routine setzte es natürlich für die jungen Spieler immer wieder Rückschläge, aber die Döblinger erspielten sich doch in der letzten Runde der Meisterschaft ein Entscheidungsspiel gegen Admira Wacker um den letzten UEFA-Cup-Platz. Während den Gästen ein Punkt zum Startplatz für Europa gereicht hätte, musste die Vienna vor eigenem Publikum gewinnen. Der unerfahrenen Mannschaft gelang der Sieg über die favorisierten Gäste und zum ersten Mal in ihrer Vereinsgeschichte zogen die Döblinger in den Europacup ein. (1955, bei der ersten Austragung des Wettbewerbs, war der SK Rapid Wien von den französischen Veranstaltern dem amtierenden österreichischen Landesmeister Vienna vorgezogen worden.) Doch die Leistungen der jungen Spieler weckten Begehrlichkeiten bei der Konkurrenz. Aus finanziellen Gründen war es für die Vienna unmöglich, die jungen Leistungsträger dauerhaft auf der Hohen Warte zu halten. So kehrte Andreas Herzog nach Ablauf seines Leihvertrages nach Hütteldorf zurück, während Peter Stöger zu Austria Wien wechselte. Die Vienna versuchte Herzog zu kaufen, doch schraubte Rapid den Preis nach mehreren Verhandlungsrunden immer weiter hinauf.

Auf Dauer konnte der kleinere Verein den Ausverkauf seiner Leistungsträger nicht adäquat abfangen. Zwar gelang auch in der nächsten Saison wieder die Qualifikation für den UEFA-Cup, doch man scheiterte dort in der zweiten Runde denkbar knapp an Olympiakos Piräus. Nach einem 2:2 in Wien hielten die Döblinger im Hexenkessel von Piräus ein torloses Unentschieden, aber der wichtige Auswärtstreffer gelang nicht. In zwei UEFA-Cup Saisonen war die Vienna jeweils in die zweite Runde gekommen.

Aus finanziellen Gründen mussten wieder wichtige Leistungsträger die Hohe Warte verlassen. Zwischen Trainer Dokupil und blau-gelber Führungsetage verschärften sich die Konflikte und in der Winterpause 1989/90 kam es zum Bruch. Als Spieler hinter seinem Rücken transferiert wurden, warf Dokupil entnervt das Handtuch.

Mit dem Abgang des Erfolgstrainers Anfang 1990 endete die letzte erfolgreiche Phase der blau-gelben Vereinsgeschichte. In der Folge konnte sich der Verein nicht mehr dauerhaft in der obersten Spielklasse halten. 1991 spielte die Vienna letztmalig im österreichischen Oberhaus. Einziger Höhepunkt der 1990er Jahre war das Erreichen des österreichischen Cupfinales 1997. Als Zweitdivisionär bezwang man auf dem Weg ins Finale Austria Wien, den Grazer AK sowie im Semifinale Austria Salzburg. Dann verloren die Döblinger im Ernst-Happel-Stadion gegen Favorit Sturm Graz knapp mit 2:1. Bei den Grazern brillierten dabei die beiden ehemaligen Vienna Spieler Ivica Vastić und Hannes Reinmayr.

Vom Ziel Aufstieg in die oberste Spielklasse musste man sich endgültig verabschieden. Bundesländer-Vereine mit wenig Reputation aber besseren Rahmenbedingungen drängten nach und sollten sich zu arrivierten Erstligavereinen entwickeln. Da konnten die Döblinger nicht mithalten. Immer mehr rutschte man auch in der zweiten Spielklasse ab. Gegen Ende der Saison 2000/01 glaubte man sich eigentlich schon gerettet, verlor dann aber die letzten fünf Partien hintereinander. In der letzten Runde besiegelte eine 2:3-Niederlage zu Hause gegen den SV Mattersburg den bitteren Gang in die Relegation. Nun musste gegen den Regionalliga-West Meister FC Lustenau der Absturz in die 3. Liga verhindert werden. Die Vienna-Fans wussten dabei gar nicht um die Gefahr, in der ihr Verein schwebte: Im Abstiegsfall winkte der überwiegenden Mehrheit des Kaders die kostenlose Freigabe. Dementsprechend verlief die erste Relegationspartie in Lustenau. Nach mitunter haarsträubenden Fehlern verloren die Döblinger mit 0:3. Als nach dieser erschreckenden Darbietung die angereiste Vienna-Fangemeinde von den Lustenauer Fans auch noch angepöbelt wurde, entlud sich der Frust der blau-gelben Anhänger. Spieler wurden von den aufgebrachten Fans am Spielfeld attackiert. Frustrierte Anhänger versuchten, sich mit Gewalt Zugang zur Vienna-Kabine zu verschaffen. Die Hoffnung auf den Klassenerhalt war nach diesem ersten Spiel sehr gering.

Trotzdem unterstützten 2.000 Unverdrossene ihre Mannschaft im Rückspiel. Vielen sprach dabei allerdings ein junger Vienna-Anhänger aus dem Herzen, der sich als Sensenmann verkleidet auf die Hohe Warte begeben hatte. Nach dem 3:3 war es am 9. Juni 2001 dann besiegelt: Zum ersten Mal in ihrer langen Geschichte stiegen die Döblinger in die 3. Liga ab.

Nachdem der erste Schock verdaut war, strebte man auf der Hohen Warte natürlich den sofortigen Wiederaufstieg an. Doch es sollte acht Jahre dauern, bis die Rückkehr in den bezahlten Fußball schließlich gelang.

Döbling wurde zum Rangierbahnhof für ehemalige Stars, die im Herbst bzw. Winter ihrer Karriere noch einmal gut verdienen wollten. Ob Funktionäre, Trainer oder Spieler, es entwickelte sich ein fröhliches Kommen und Gehen. Große Pläne wurden verkündet, die aber sofort in sich zusammenfielen. Immer wieder zeigte die Mannschaft ansprechende Leistungen, wollte oder konnte dies aber nicht über eine gesamte Saison durchhalten. So reichte es fünfmal jeweils zum 3. Platz in der Liga. Immer wieder mussten die Aufstiegsträume auf die nächste Saison verschoben werden.

Rückkehr und Absturz

Um endlich das Ziel Aufstieg zu realisieren, übernahm Trainer Peter Stöger im Oktober 2007 die Mannschaft. Nach seinem ersten Engagement bei Austria Wien bedeutete die Vienna für Stöger die zweite Chance im Trainergeschäft. Dafür war er auch bereit, in die Regionalliga zu gehen. Im Gegensatz zu seinen Vorgängern hatte er eine Saison Zeit, eine Mannschaft aufzubauen, die dann im folgenden Jahr den Aufstieg schaffen sollte. Dabei setzte Stöger auf eine Mischung aus arrivierten Spielern mit Bundesligaerfahrung und hoffnungsvollen Nachwuchskräften. Schließlich konnte sich die Vienna nach langem, hartem Kampf gegen Konkurrent SV Horn durchsetzen. Das torlose Remis in der letzten Runde Anfang Juni 2009 in Neusiedl besiegelte endlich die blau-gelbe Rückkehr in den bezahlten Fußball.

An der Spitze des Vereins kam es zu einem Wechsel. Der Telekommunikationsunternehmer Herbert Dvoracek übernahm den Präsidentenposten. Der ehemalige Croupier und jetzige Geschäftsmann Christian Bodizs, der schon länger im Verein aktiv war, fungierte als Vizepräsident und Finanzvorstand. Das neue Führungsduo verbreitete Aufbruchsstimmung und Euphorie. Als Ziel für die kommende Saison wurde ein gesicherter Mittelfeldplatz ausgegeben. Doch sollte sich schnell zeigen, dass der Aufstiegskader, dem

Stöger vertraute, für die neue Liga nicht konkurrenzfähig war. Die arrivierten Spieler, denen Stöger eine Chance nach dem Aufstieg versprochen hatte, waren mit dem höheren Tempo überfordert. So konnten sie auch die jungen Spieler nicht an das neue Niveau heranführen. Der Verein befand sich die gesamte Saison über im Abstiegskampf und im April 2010 wurde Stöger als Trainer abgelöst.

Aber auch wirtschaftlich war der Verein nicht in der Lage, den Drahtseilakt Profifußball zu bewältigen. Zu keiner Zeit war es dem blau-gelben Führungsduo gelungen, professionelle Strukturen im Verein zu schaffen und einen Profibetrieb konkurrenzfähig zu unterhalten. In der Folge schlitterten die Döblinger in finanzielle Turbulenzen, die zum Dauerthema wurden. Der Verein produzierte permanent negative Schlagzeilen und war somit für etwaige Sponsoren alles andere als attraktiv. Von Saison zu Saison wurde weitergewurschtelt. Dass sich der Verein fünf Spielzeiten in der zweithöchsten Spielklasse halten konnte, war kein eigener Verdienst. Immer wieder verblieb man in der Liga nur, weil andere Vereine noch schlechter wirtschafteten und die Lizenz verloren. Die Spieler wechselten permanent und immer wieder musste man nach dem Saisonstart personell nachbessern. So wurden in fünf Spielzeiten 100 verschiedene Spieler eingesetzt – Konstanz sieht anders aus. Einziger Lichtblick war Trainerphilosoph Alfred Tatar, der für rund 100 Spiele in Döbling amtierte. In den 1980er Jahren war er als Mittelfeldspieler bei der Vienna aktiv gewesen. Der Niederösterreicher galt seinerzeit als Nachwuchshoffnung, war aber durch seine unkonventionelle Art immer wieder angeeckt. Als studierter Biologe und späterer Trainer blieb er seiner unberechenbaren Art treu. Regelmäßig überforderte er seine Interviewpartner und spielte sich so in die Herzen der Fans.

Aber auch er war nur eine gewisse Zeit lang in der Lage, das havarierte Schiff Vienna über Wasser zu halten. 2014 war es dann soweit. Der finanziell gebeutelte Verein konnte seinen Zahlungsverpflichtungen nicht mehr nachkommen. Es folgte die unvermeidliche Lizenzverweigerung. Sportlich lag man zu diesem Zeitpunkt auf dem letzten Tabellenplatz. Für viele leidgeprüfte Anhänger kam der Lizenzverlust gewissermaßen einer Erlösung gleich. Viele hofften auf einen Neustart in der Regionalliga, doch durch das Gebaren der blau-gelben Führung stand der Verein vor dem Konkurs. Der Präsident und sein Stellvertreter suchten das

Weite. Als der Konkurs und damit das Ende des Vereins unausweichlich schienen, sprang die Familie Kristek als Retter buchstäblich in letzter Minute ein.

Vater Richard Kristek übernahm den Präsidentenposten. Sohn Martin Kristek, Firmeninhaber des deutschen Energieanbieters Care Energy (CE), sicherte als Hauptsponsor den finanziellen Fortbestand des Vereins. Der Konkurs war nur knapp vermieden worden, aber aufgrund der euphorischen Ausführungen des neuen Präsidenten träumten viele Fans schon wieder von einer Rückkehr in den Profifußball. Da man – wieder einmal – den sofortigen Wiederaufstieg anstrebte, wurde ein relativ teurer Kader zusammengebaut. Sportlich befand man sich damit auf einem guten Weg. Im Frühjahr stellte sich allerdings heraus, dass die Vereinsführung gar nicht um eine entsprechende Bundesligalizenz angesucht hatte. Damit war die erwartungsvolle Anhängerschaft vor den Kopf gestoßen, doch die Fans setzten weiter ihr Vertrauen in die Familie Kristek.

Trotz hoher Ausgaben verblieb die Mannschaft in der Regionalliga. CE finanzierte den Spielbetrieb, war allerdings über einen Marketingvertrag an allen Sponsoreneinnahmen der Vienna prozentual beteiligt. Dieses ungewöhnliche und für die Vienna überaus nachteilige Arrangement schreckte natürlich potenzielle Sponsoren ab. So hing der Club weiter ausschließlich von der Finanzierung durch CE ab. Negative Berichte über die Geschäftspraktiken des Energieanbieters häuften sich. In Deutschland wurden schon einige Gerichtsverfahren gegen das Unternehmen angestrengt.

Insolvenz und Zwangsabstieg

Trotzdem schien die Rückkehr in den Profifußball weiter das erklärte Ziel der Vereinsführung zu sein. Der ehemalige Banker Gerhard Krisch wurde zum Geschäftsführer der neu geschaffenen Vienna GmbH bestellt. Völlig überraschend verstarb am 21. Jänner 2017 der 44-jährige Sponsor Martin Kristek. Durch seinen plötzlichen Tod sollte die Vienna in die schwierigste Situation der jüngeren Vereinsgeschichte geraten. Wie sich nun herausstellte, hatte Kristek 79 Prozent der Gesamtkosten des Vereins getragen, seine Zahlungen aber aufgrund finanzieller Turbulenzen schon im Dezember 2016 eingestellt. Vereinspräsident Richard Kristek, der Vater des Verstorbenen, reagierte auf den persönlichen Schicksalsschlag mit seinem sofortigen Rücktritt und zog sich umgehend aus der Öffentlichkeit zurück.

Krisch übernahm nun die Führung des Vereins und informierte die unwissenden Vereinsmitglieder am 1. März 2017 über die existenzbedrohende Situation, die durch den Tod des Hauptsponsors entstanden war. Die Mitglieder erfuhren bei der Gelegenheit, dass die Vienna 2016 ein Budget von 2,5 Millionen Euro gehabt hatte – bei den vergleichsweise geringen Einnahmen in der 3. Liga in dieser Höhe absolut unüblich. Ohne entsprechende Absicherung hatten sich die Verantwortlichen für den Traum vom Profifußball spektakulär übernommen. Von CE selbst waren keine Zahlungen mehr zu erwarten, da über das Unternehmen am 17. Februar 2017 ein Insolvenzverfahren eröffnet worden war. Die Vienna stand vor dem finanziellen Ende und versuchte, den Konkurs und damit die Auflösung des Vereins zu verhindert. 123 Jahre österreichische Fußballtradition standen auf dem Spiel. Ein weiteres großes Problem bestand in dem Marketingvertrag, der CE Einnahmen aus folgenden Sponsorengeldern zusicherte. Sollte der Verein gerettet werden, musste unbedingt diese Vereinbarung gelöst werden.

Zwei Tage nach der Generalversammlung wurde über den ersten österreichischen Fußballverein ein begleitetes Insolvenzverfahren eröffnet. Wie sich im Laufe des Verfahrens herausstellen sollte, waren 590.000 Euro an Verbindlichkeiten zu bedienen, die beim Scheitern der Sanierungsbestrebungen auf rund 1,17 Millionen Euro anwachsen würden. Im Zuge des Insolvenzverfahrens konnte der ungünstige Marketingvertrag endlich gelöst werden. Ab März 2017 wurden wieder die ersten Zahlungen aus eigener Kraft geleistet. Verein und Fans starteten die Aktion „Unkonkursbar“ und sammelten in kürzester Zeit 35.000 Euro. Die Wiener Konkurrenz, Austria und Rapid, unterstützte die angeschlagenen Döblinger. So gastierte etwa der österreichische Rekordmeister für ein Benefizspiel auf der Hohen Warte.

Unmittelbar nach dem Fußballfest gegen Rapid folgte der nächste Rückschlag. Bei einer routinemäßigen Begehung wurden Mängel am Dach der Haupttribüne festgestellt, die so gravierend waren, dass die Tribüne gesperrt werden musste. Die Vienna hatte anscheinend jahrelang keine entsprechenden Befunde geliefert und die Gemeinde als Eigentümerin der Anlage hatte diese nicht beanstandet. Von all diesen Entwicklungen ließ sich die Mannschaft

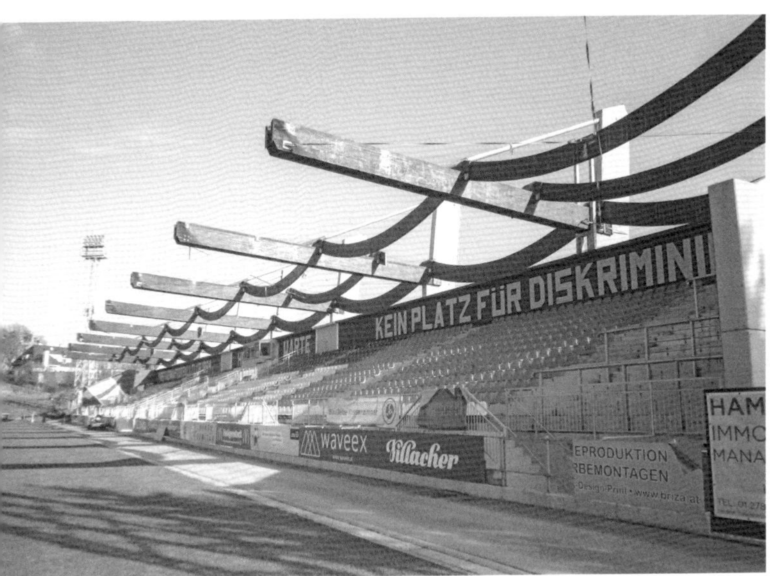

Ein Bild des Jammers: Seit Sommer 2017 stand die Haupttribüne auf der Hohen Warte ohne Dach da.

sportlich nicht beeindrucken und holte am Ende der Meisterschaft Platz 1 in der Regionalliga Ost.

Am 31. Mai 2017 nahmen die Gläubiger den blau-gelben Sanierungsplan an und am selben Tag stieg die Uniqa Österreich Versicherungen AG als neuer Hauptsponsor ein. Dabei profitierte die Vienna von einem Strategiewechsel des Unternehmens. War man zuvor jahrelang als Sponsor im Skisport tätig gewesen, wandte man sich nun dem Fußballsport zu. Neben der Unterstützung der Vienna fungiert Uniqa auch als Sponsor des österreichischen Nationalteams sowie des ÖFB-Cups. Die Gelder des neuen Hauptsponsors sicherten die Zahlung der ersten Insolvenzquote.

Täglich grüßt das Murmeltier

Der Verein hatte die gröbsten Hindernisse für eine wirtschaftliche Gesundung aus dem Weg geräumt. Doch drohten von Verbandsseite weitere Schwierigkeiten. Im Insolvenzfall sieht nämlich das ÖFB-Regulativ für den betroffenen Verein den Zwangsabstieg vor. Ursprünglich nur in den beiden obersten Spielklassen geltend, wurde diese Regelung auch auf die Regionalligen ausgedehnt. In der unmittelbaren Vergangenheit hatte ein Verein eine Insolvenz bewusst in Kauf genommen, auch, weil damit keine sportlichen Konsequenzen verbunden waren. Um solches Handeln zu unterbinden, wurde die Regel auf die obersten Klassen des Amateurfußballs ausgedehnt. So sah nun die betreffende Regel den Zwangsabstieg aus der Regionalliga vor. Die etwaige Klasseneinteilung war aber nicht geregelt, sondern oblag dem zuständigen Landesverband, im Falle der Vienna dem Wiener Fußball Verband (WFV). Mitte Mai 2017 landete die Causa Vienna also in der Klassensitzung der Wiener Stadtliga. Dabei sprachen sich die Vereine der obersten Wiener Spielklasse mehrheitlich gegen eine Aufnahme der Vienna in die vierte Leistungsklasse aus. Als Begründung wurde angegeben, dass die Döblinger nicht einen wirtschaftlich gut geführten Verein der Wiener Liga verdrängen sollte. So entschied der WFV nun, dass der Zwangsabsteiger den Platz seiner zweiten Mannschaft, der Amateurmannschaft, in der zweiten Landesliga, also der fünften Spielklasse, einnehmen sollte.

Zwischen Vienna und Verband entwickelte sich nun ein juristisches Gezerre um die Rechtmäßigkeit der Regelung, wobei mit öffentlichen Untergriffen nicht gespart wurde. In der Auseinandersetzung vertraten die Döblinger den Standpunkt, dass das ÖFB-Regulativ gegen das Insolvenzrecht verstieß, weil ein Abstieg die Einnahmen schmälern würde und so die Zahlung der weiteren jährlichen Insolvenzquoten gefährden würde. Der Verein wurde juristisch aktiv und konnte per einstweiliger Verfügung den Zwangsabstieg vorerst aufschieben. Umgehend legte der ÖFB durch seine beteiligten Landesverbände Wien, Niederösterreich und Burgenland Rekurs gegen das Verfahren ein und diesem wurde Anfang Juli 2017 stattgegeben.

Vier Wochen vor Saisonstart schien nun der Zwangsabstieg besiegelt und viele Spieler kehrten der Hohen Warte den Rücken. Doch die Vereinsverantwortlichen wollten sich nicht in ihr Schicksal fügen und brachten beim Bezirksgericht Leopoldstadt einen Antrag auf Revision des Rekurses ein, dem Mitte Juli 2017 stattgegeben wurde. So hob das Bezirksgericht die Vollstreckung des Zwangsabstiegs auf und sicherte der Vienna vorerst den Verbleib in der Regionalliga Ost zu. Nun landete der Fall vor dem Obersten Gerichtshof (OGH). In der Zwischenzeit startete die Vienna mit einem Kader aus lauter jungen Talenten der Amateurmann-

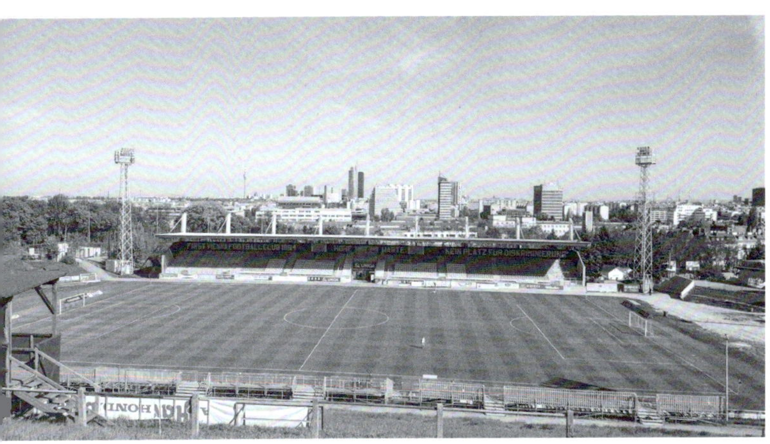

5. Spielklasse, aber wieder im Trockenen.

schaft und fünf erfahrenen Akteuren in die Regionalliga-Saison 2017/18. Die Herbstserie konnte die Mannschaft noch beenden. Allerdings entschied der OGH in seiner Entscheidung am 15. November 2017 gegen die Döblinger. Damit war der Ausschluss aus der Regionalliga rechtskräftig und die Vienna sollte im Frühjahr in die zweite Landesliga eingereiht werden.

So weit unten hatten die Döblinger in ihrer Vereinsgeschichte noch nie spielen müssen. Es bleibt abzuwarten, wie sich der Zwangsabstieg finanziell auf das laufende Insolvenzverfahren auswirken wird und ob sich der Verein das Naturstadion Hohe Warte auch in Zukunft als Spielstätte wird leisten können. Darüber hinaus sind die unmittelbaren Auswirkungen auf die diversen Nachwuchsmannschaften sowie auf die vier Teams der Frauenabteilung zum gegenwärtigen Zeitpunkt noch nicht abschätzbar.

Die Fans der Vienna

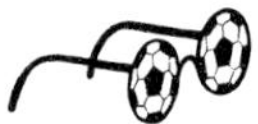

Anrufer im Vienna-Sekretariat: „Wann spielt denn die Vienna am Wochenende auf der Hohen Warte?"

Vienna-Mitarbeiter: „Wann wollen Sie denn kommen?"

Dieser in Wien früher sehr bekannte Witz offenbart auf anschauliche Weise das historische Dilemma der Döblinger: Trotz großer Erfolge konnte der Verein in puncto Zuschauerzahlen nie mit Rapid oder Austria Wien mithalten. Schon in den 1930er Jahren häuften sich Zeitungsberichte, die die sinkenden Zuschauerzahlen bei der Vienna thematisierten. Die Anhänger strömten zwar bei den Spielen gegen Wiener Spitzenmannschaften auf die Hohe Warte, aber die Begegnungen gegen kleinere Teams fanden oft vor enttäuschender Kulisse statt. Vor allem in den 1960er Jahren verschärfte sich der Rückgang der Zuschauerzahlen dramatisch. Die Vienna war dabei kein Einzelfall. Der Rückgang hatte mehrere Ursachen: Auf sportlicher Ebene fiel der österreichische Fußball immer mehr zurück. Ihm haftete außerdem ein schlechtes Image als Proletensport bzw. zweifelhaftes Vergnügen der Arbeiterklasse an. Die größte Rolle spielte aber das veränderte Freizeitverhalten der Bevölkerung, weg vom passiven Sportkonsum hin zu aktiver Betätigung.

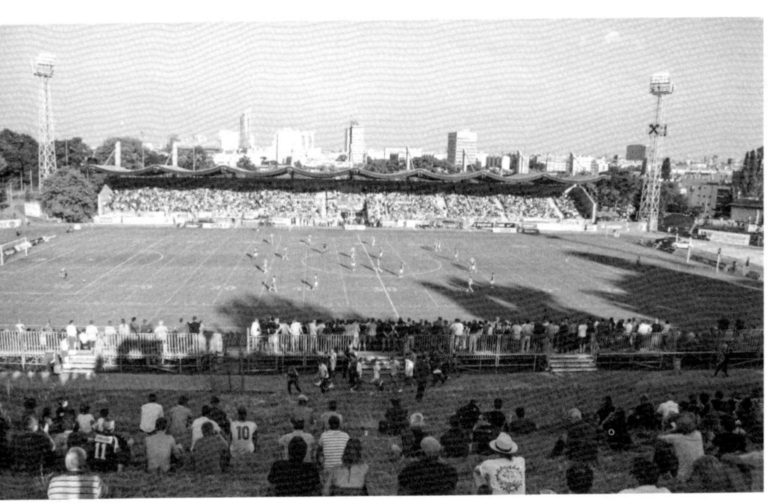

Entspanntes Fußballschauen auf der Hohen Warte, 24. Mai 2011 gegen FC Admira Wacker.

Woher hätten die Anhänger der Vienna kommen sollen? Döbling unterschied sich hinsichtlich seiner Wohnbevölkerung stark von anderen Vorstadtbezirken. Während etwa Rapid und auch der Wiener Sport-Club aus homogeneren, städtischen Einzugsgebieten schöpfen konnten, war dies aufgrund des ländlichen Charakters Döblings sowie wegen der vielfach besser ausgebildeten, wohlhabenden und an Fußball uninteressierten Bewohner für die Vienna nicht möglich. Erst im Laufe der Zeit erreichte der Fußball alle gesellschaftlichen Schichten. Zuvor wurde er als proletarisches Vergnügen der kleinen Leute herabgewürdigt und abgewertet, Akademiker machten einen weiten Bogen um diesen Sport. Während es heute selbst im bürgerlichen Umfeld ja fast Pflicht ist, sich zu einem Verein zu bekennen, war es etwa im universitären Umfeld noch vor fünfzehn Jahren tabuisiert, sich als Fußballfan zu deklarieren. Natürlich gab es auch schon früher Ausnahmen, aber die bestätigten wirklich nur die Regel. Jedenfalls fehlte es der Vienna im gutbürgerlichen Döbling seit Anbeginn an einer größeren proletarischen Basis für eine entsprechende Zuschauerschaft. Zwar gibt es eine solche in Heiligenstadt mit dem Karl-Marx-Hof und anderen Gemeindebauten, aber im Vergleich zu anderen Bezirken ist diese eben viel kleiner.

Zudem haftete der Vienna ebenso wie dem Bezirk Döbling vor allem während ihrer frühen Jahre das Prädikat „nobel“ an. Die Vienna sah sich auch selbst lange Jahre als „Nobelclub“, schließlich war sie ja auch von Baron Rothschild gegründet worden. In der Praxis war dieses Prädikat aber substanzlos, weil der Club ungeachtet dieser Zuschreibung stets mit finanziellen Kalamitäten zu kämpfen hatte. Die Vienna war auch nicht etwa der Verein der Künstler und Intellektuellen. Diese Rolle besetzte Austria Wien. Zwar waren im Laufe der Jahre einige Kulturschaffende auf der Tribüne in Döbling anzutreffen und der glühende Vienna-Anhänger Paul Hörbiger übernahm unmittelbar nach Kriegsende 1945 die blaugelbe Präsidentschaft, doch wurden solche Persönlichkeiten an der Vereinsspitze nie die Regel und die Wahrnehmung der Vienna als Nobelclub entsprach zu keiner Zeit der finanzschwachen Realität des Vereinslebens.

Ferner bewegte sich die Vienna als politisch „schwarzer“ Verein in einer „roten“ Stadt, stand doch der Großteil der Funktionäre der ÖVP nahe. Speziell nach 1945 verband sich die rote Spitzenpolitik mit den beiden großen Wiener Fußballvereinen Rapid und Austria. SPÖ-Spitzenpolitiker wie der ÖGB-Präsident Anton Benya und der ehemalige Finanzminister Rudolf Edlinger fungierten als langjährige Rapid-Präsidenten. Aktuell ist der ehemalige SPÖ-Landtagsabgeordnete Christoph Peschek als „Geschäftsführer Wirtschaft" bei Rapid tätig. Der SPÖ-Politiker und Präsident des Österreichischen Gewerkschaftsbundes Wolfgang Kazian war bis 2018 Präsident von Austria Wien und derzeit ist Michael Häupl, ehemaliger Bürgermeister und Landeshauptmann von Wien, Vorsitzender des Kuratoriums der Austria. Dank dieses „Doppelpasses" zwischen Politik und Fußball erhielten Rapid und Austria für ihre Stadionprojekte zweistellige Millionenbeträge von der öffentlichen Hand. Bei diesen beiden Vereinen sitzt das Geld der Steuerzahlenden locker, während andere Wiener Vereine mit Almosen abgespeist wurden und werden. Während Austria und Rapid auf diesem Weg sehr erfolgreich den Schulterschluss mit der Politik praktizierten und im Gegenzug Politiker die Bedeutung des Fußballs für sich als Agitationsplattform erkannten, zeigte die Vienna immer wieder geradezu haarsträubendes Unvermögen, gute Beziehungen zum „roten" Wien aufzubauen um ihr Fortkommen zu fördern.

In den 1990er Jahren versuchte schließlich der FPÖ- bzw. spätere BZÖ-Spitzenpolitiker Peter Westenthaler im Fußball zu reüssieren und wurde blau-gelber Vizepräsident. Doch die organisierte Fanszene stellte sich gegen diese Personalentscheidung. So verschwand Westenthaler wieder schnell aus Döbling. Später wurde er Vorstand der österreichischen Fußball-Bundesliga.

Abschließend muss hier aber angemerkt werden, dass ganz allgemein zu viele öffentliche Mittel in den Profisport Fußball fließen.

In den 1950er Jahren entstanden die ersten Anhängervereinigungen der großen Wiener Fußballvereine. 1953 gründete sich die „Vereinigung der Vienna-Freunde". Ziel dieser Gruppe war die finanzielle Unterstützung der Vienna; die Gelder sollten durch Veranstaltungen lukriert werden. Doch bestanden anscheinend Spannungen zwischen Vereinsleitung und Anhängervereinigung und im Dezember 1960 löste sich dieser erste Zusammenschluss der Fans auch schon wieder auf. Nun nahm der Verein selbst die Organisation seiner Sympathisanten in die Hand und versuchte einen eigenen „Fanblock" einzurichten. Aber diese Verordnung von oben war zum Scheitern verurteilt. Für viele Jahre herrschte fortan Funkstille zwischen Funktionären und engagierter Fanbasis. Ein weiterer Versuch in den 1970er Jahren, eine Anhängervereinigung dauerhaft ins Laufen zu bringen, scheiterte ebenfalls. Anfang der 1980er Jahre bildete sich mit dem Erich Schreitl-Fanklub, benannt nach dem damaligen Vienna-Tormann, der erste blau-gelbe Anhängerverein, der in unregelmäßigen Abständen auch ein Fanzine mit dem Titel Vienna-Fan herausgab. In der entsprechenden Publikation fanden sich Spiel- und Erfahrungsberichte. Es ist aber völlig unklar, wie viele Mitglieder dieser Fanklub hatte bzw. welche weiteren Aktivitäten er setzte. Leider kann auch nicht sicher gesagt werden, wann sich diese Gruppe auflöste.

Bis Mitte der 1980er Jahre sollte es dauern, bis Vienna-Fans die ersten größeren Auswärtsfahrten organisierten. Während dann auswärts die ersten Allesfahrer zu hören waren, haperte es zu Hause noch mit dem durchgehenden Support. Der damalige Trainer Ernst Dokupil meldete sich in der Stadionzeitung zu Wort und bat die Fans, die sich bei den Auswärtsspielen schon Gehör verschafften, sich doch auch zu Hause in einem Block zu sammeln. Seiner Meinung nach war die damalige Stimmung auf der Hohen Warte zu brav und erinnerte eher an ein Tennismatch, wo man sich, abgesehen vom Applaus zwischen den Ballwechseln, mit Anfeuerungen diskret zurückhielt. Trotz seines Aufrufs bildete sich aber noch kein Fanblock auf der Hohen Warte. „Auswärts vereint, zu Hause getrennt" schien das Motto der blau-gelben Allesfahrer zu sein.

Angeregt durch die Auswärtsfahrten, entwickelte sich Ende der 1980er Jahre aber doch endlich etwas in der blau-gelben Fanszene. Die Ersten, die als erkennbare Fangruppe auf der Hohen Warte auftraten, waren die Yellow Submarines, klassische Kuttenträger aus dem Bikermilieu. Leider lässt sich heute nicht mehr rekonstruieren, wie sie ihren Weg nach Döbling gefunden hatten bzw. wann sie wieder verschwanden. Ihre unmittelbaren Nachfolger hätten nicht unterschiedlicher sein können: Sie nannten sich anfänglich Kleine Pommes, nach dem damaligen Hauptsponsor McDonald's. Nachdem dieser Döbling verlassen hatte, vollzogen die Fans einen Namenswechsel, nannten sich jetzt Döblinger Kojoten und waren fortan im Stadion auf der Naturhangseite zu finden. Viele der Kojoten bewegten sich in einem kulturellen Umfeld, in dem Musik eine wichtige Rolle spielte. Dabei bot die Gruppe insgesamt aber eine überaus heterogene Mischung. Bei ihnen standen Punks Seite an Seite mit Döblinger „Kindern aus gutem Haus" im Stadion. Es wäre nicht Döbling gewesen, hätten sich unter ihnen nicht auch ein paar Söhne der Besserverdiener gefunden, die das Ausleben am Fußballplatz als Vehikel für den Ausbruch aus ihren bürgerlichen Lebensumständen brauchten. Wo die Übernahme der väterlichen Firma bzw. ein Medizin- oder Jus-Studium vorgezeichnet waren, konnte man wenigstens am Fußballplatz ein bisserl ausbrechen.

Dass britische Musik und Alternativkultur im Leben der Kojoten eine wichtige Rolle spielten, schlug sich auch im subversiven, gleichzeitigen humoristischen Support der Gruppe nieder, die sich damit sehr stark von den Fangruppen der beiden Wiener Großklubs Rapid und Austria Wien unterschied. Die Gruppe begriff sich selbst als Fankollektiv und lehnte eine entsprechende Vereinsgründung oder auch Mitgliedschaften ab. In ihrem humoristisch-anarchischen Tun legte sie die Grundlage für den in der blau-gelben Fanszene heute noch geltenden Konsens, auf jegliche Beschimpfung der Schiedsrichter, Gästespieler und Gäste zu verzichten. Anstatt Energie mit der Diffamierung anderer zu verschwenden, sollte besser die eigene Mannschaft, auch in schwierigen Zeiten, lautstark und mit Humor unterstützt werden. Die Kojoten konnten auch deshalb auf der Hohen Warte heimisch werden, weil genau hier der Freiraum bestand, eine für Österreich alternative Fankultur zu etablieren. Ältere Vienna-Anhänger, auch wenn sie die wilden Jungen vielleicht nicht verstanden, waren doch froh, dass zur Unterstützung der Mannschaft überhaupt etwas passierte.

Parallel zu den Kojoten entstand mit der Old Firm eine weitere Gruppe, die sich zwar auch an der britischen Fankultur orientierte, sich aber als klassische Fangruppe verstand. Schon ihr Name deutete auf eine Affinität zu gewissen Elementen der britischen Fankultur hin. Trotz unterschiedlicher Ausrichtung fanden beide Gruppen aber zusammen und organisierten gemeinsame Aktivitäten und Auswärtsfahrten. Beide publizierten mit dem Döblinger Bastard – Nachrichten aus dem Döblinger Widerstand sowie der Old Firm Review zudem eigene Fanzines. Die Publikationen spiegeln den unterschiedlichen Ansatz der beiden Fanzusammenschlüsse wieder und bieten einzigartiges Quellenmaterial.

Standen sich die beiden Gruppen anfängs räumlich im Stadion gegenüber, bildeten sie nach dem Wechsel der Kojoten auf die Tribüne nunmehr den ersten blau-gelben Fanblock, der diesen Namen verdiente. Dieser Fanblock zog weitere Personen an, und neben den Gruppen engagierten sich auch immer mehr unabhängige Einzelpersonen. Aus diesem gemeinsamen Wirken entstand die bis heute typische heterogene Mischung der Vienna-Fans. Kooperation und Toleranz wurden zu den bestimmenden Faktoren, keine Gruppe suchte sich in den Vordergrund zu spielen. Bei aller Verschiedenheit einigte sich die blau-gelbe Fangemeinde schon früh auf bestimmte Verhaltensnormen, die von der überwiegenden Mehrheit der Fans noch heute akzeptiert werden, und übernahm britische Traditionen: Die in der Mehrzahl englischen Fangesänge waren in den späten 1980er Jahren in österreichischen Stadien noch eher untypisch. Ein dazu passendes Alleinstellungsmerkmal bildeten auch die Dudelsack-Klänge, die bis heute aus dem blau-gelben Fanblock erschallen.

In wirtschaftlich und sportlich schwierigen Zeiten der Vienna entwickelte sich die blau-gelbe Fankultur in der Außenwahrnehmung zum einzigen positiven Merkmal des Vereins überhaupt. Und für all jene, die sich von der zunehmenden Kommerzialisierung des Fußballs abgestoßen fühlten, bot die Hohe Warte mit ihrer in die Jahre gekommenen Naturarena den idealen Ausgleich. Gleichzeitig schlummerte noch viel kreatives Potenzial in der Fanszene, welches es weiter auszubauen galt.

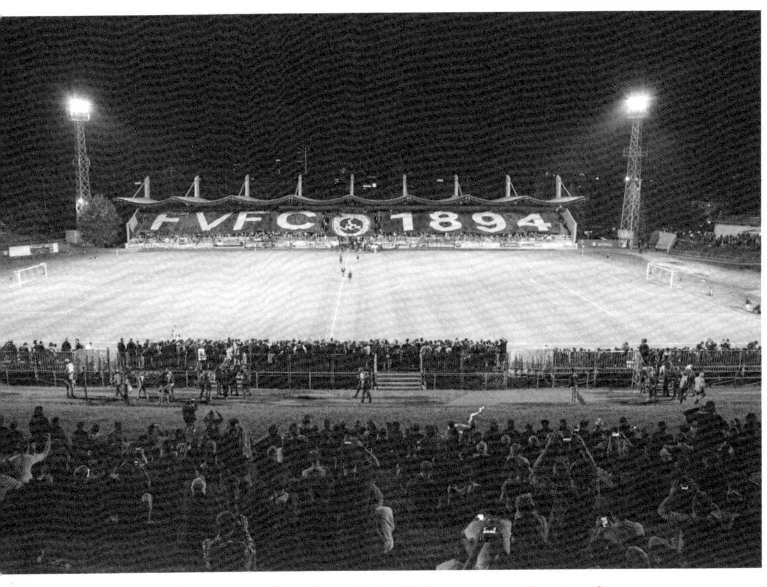

Große Derby-Choreo im Stadion Hohe Warte am 4. September 2015 gegen WSK.

Endless love or only a drunken one-night stand? – Das „Derby of Love“

Den Wiener Sport-Club und die Vienna verbindet eine ähnliche Entwicklung: Beide Vereine waren einmal sportlich erfolgreich, kämpfen hingegen heute um das finanzielle Überleben. Bei beiden Vereinen entwickelten sich ähnliche Fankulturen, da Protagonisten beider Fanszenen aus demselben kulturellen Milieu jenseits des Mainstreams stammten und sich kannten. So wurden schon früh gemeinsame Veranstaltungen wie etwa „Fußballfans gegen Gewalt und Fremdenhass“ durchgeführt. Mit dem gemeinsamen Engagement entstanden starke Verbindungen zwischen den beiden Vereinen, die in Österreich wohl einzigartig sind.

Gleichzeitig entwickelte sich das Aufeinandertreffen beider Vereine – im Unterschied zum „Großen Wiener Derby“ zwischen Rapid und Austria als „Kleines Derby“ bezeichnet – aufgrund des friedlichen Umgangs der Fangruppen miteinander und der damit verbundenen stimmungsvollen Atmosphäre zum absoluten Zuschauermagneten. Das Kleine Derby ist die ideale Visitenkarte beider Vereine, um neue Fans zu gewinnen. In einem gemeinsamen Fanzine der Döblinger Kojoten und der FreundInnen der Fried-

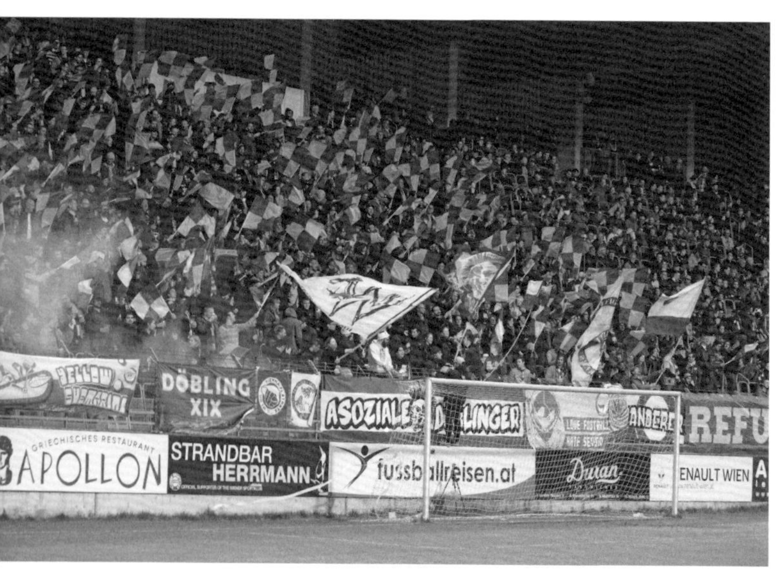

Derbyblock auswärts beim WSK am 2. April 2016.

hofstribüne (WSC) im Jahr 2007 wurde deshalb erstmals der Begriff „Derby of Love" verwendet, der die Begegnung fortan betitelte. Unter dem Motto „Derby of Love. Eine Welt – eine Wuchtel. Fußball ohne Diskriminierung" stellten die Herausgeber im Leitartikel der Publikation Folgendes fest:

„Die Fankulturen der AnhängerInnen beider Teams sind geprägt von einer positiven Grundeinstellung und dem Verzicht auf jegliche Form der Gewaltanwendung. Fan-Sein heißt: positiver Support! Das bedeutet, dass den gegnerischen Spielern und Fans mit Respekt begegnet wird und im Zentrum der Chants und Anfeuerungen die eigene Mannschaft und nicht das Diffamieren des Gegners steht (sic!)."

Der Erfolg dieses Derbys verselbstständigte sich schnell und die Matches entwickelten sich für beide Fangemeinschaften zu den wichtigsten Spielen der Saison. Aufgrund der speziellen Atmosphäre wurden die Begegnungen auch für diverse Medien interessant. Der Österreichische Rundfunk (ORF) begann in seinem Sportspartensender ORF Sport plus die Partien zu übertragen. Zum ersten Mal wurden nun Drittligapartien im österreichischen Fernsehen gezeigt. Die TV-Übertragungen schadeten dem Zuschauerzuspruch bei den Derbys nicht und boten gleichzeitig beiden Vereinen eine willkommene Präsentationsplattform. So sahen 7.812 ZuschauerInnen am 2. April 2016 den 2:0 Derbysieg der Vienna am Wiener Sport-Club Platz in Hernals live. Am selben Wochenende hatte nur eine Paarung der beiden obersten österreichischen Spielklassen mehr Zuschauer als dieses Drittligaspiel. Diese Zahlen zeigen deutlich, dass die Begegnungen auch in finanzieller Hinsicht überaus wichtig sind.

Doch nicht alle Vienna-Fans hegen freundschaftliche Gefühle für Fangruppen des Sport-Clubs. Es sind vor allem ältere Anhänger, die noch bessere Erstligazeiten erlebt haben, in denen die Rivalität der beiden Vereine wesentlich derber und mitunter handgreiflich ausgetragen wurde. In manchen Teilen der Fanszene regt sich deshalb auch ein gewisser Unmut über die allzu freundschaftlichen Beziehungen. Diese konträre Sichtweise wird innerhalb der blaugelben Fanszene dementsprechend breit diskutiert. Prinzipiell sind sich aber beide Fangemeinden bis dato freundschaftlich verbunden.

Gleichzeitig ist das Derby selbst zu einer Marke geworden. Die Spiele sind allein schon aus finanzieller Sicht sowie in Fragen einer

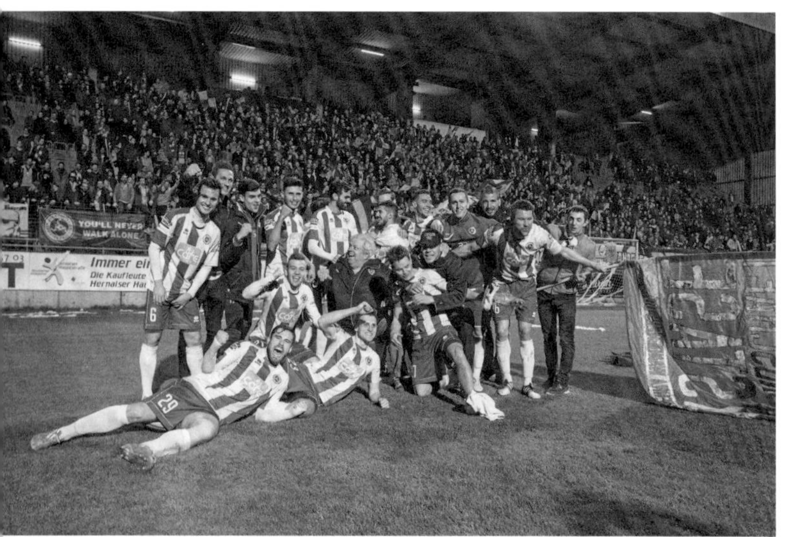

Derbysieg beim WSK, 2. April 2016.

positiven Außenwahrnehmung für beide Vereine unverzichtbar geworden. Selbst international erregen sie Interesse: Journalisten und Groundhopper werden von den Derby-Spielen angezogen. Führende Fachmagazine wie When Saturday Comes und 11Freunde widmeten den Derbys schon ausführliche Artikel.

In nächster Zeit ist damit allerdings vorerst Schluss. Nach dem Fall der Vienna in die 5. Liga werden sich die Fans beider Vereine bis zum nächsten „Derby of Love“ ein paar Jahre gedulden müssen. Dies wird auch auf der Einnahmenseite beider Clubs unangenehm spürbar sein. Es bleibt abzuwarten, wie lange diese Pause dauern und welche Auswirkungen sie auf das Derby haben wird.

Mitte der 2000er Jahre entstanden in der blau-gelben Fanszene neue Gruppen. Die Vienna Wanderers, Antifa Döbling oder die Plüsch Pony Bande waren gut organisiert und brachten neue Themen in den Fanblock. Ein Generationenwechsel bahnte sich an, da einige der Fanaktivisten der ersten Generation im fortgeschrittenen Alter neben Beruf und Familie immer weniger Zeit für Fußball aufbringen konnten. Das Konzept der bisherigen Fankultur wurde von den neuen Gruppen aber weitergetragen und natürlich sind auch die Döblinger Kojoten und die Old Firm weiterhin präsent. Was die Jüngeren von den Älteren unterscheidet, ist ihr stärkeres gesellschaftspolitisches Engagement. So beteiligen sich die neuen Fanklubs bereits seit Jahren an Demonstrationen, etwa gegen den Wiener Korporationsball der Burschenschaften. Eine Schlüsselrolle kommt dabei den Vienna Wanderers zu, die 2018 ihr zehnjähriges Bestandsjubiläum feierten. Von ihnen stammt neues, innovatives Liedgut und ihre Kreativität leben sie in immer aufwändigeren Choreografien aus, die in diesem Umfang bei der Vienna davor völlig unbekannt waren. Am 4. September 2015 beim Kleinen Derby im Heimstadion hüllten sie die gesamte Tribüne mit einem Banner ein. 2016 erregte ihre von Nintendos „Wario" inspirierte Choreografie internationales Aufsehen. Das entsprechende Video wurde rund 500.000-mal im Netz aufgerufen.

Diese großen Aktionen wurden stets von allen jungen Fanklubs sowie engagierten Einzelpersonen aus dem Block gemeinsam verwirklicht – sie wären von einer Gruppe allein gar nicht umzusetzen gewesen. So arbeiteten die verschiedenen Fans bei der Umsetzung dieser Projekte Hand in Hand. In Absprache mit dem Verein verschönerten die Vienna Fans auch das Stadion Hohe Warte, Teile der Betontribüne wurden ausgemalt. Nach einer Abstimmung in der Fanszene wurde der Schriftzug „Kein Platz für Diskriminierung" am oberen Ende der Haupttribüne aufgemalt.

Dennoch treffen die neuen Inhalte der oben genannten neuen Gruppen nicht immer auf ungeteilte Zustimmung. Von einigen Vienna-Fans wird das gestiegene politische Engagement dieser Anhänger kritisch gesehen. Den Wanderers wird vorgeworfen, einen den Ultras ähnlichen Stil zu pflegen. Im Kern sind diese Vorwürfe jedoch haltlos. Viele der Aktivisten der Wanderers stammen aus

Südtirol; sie sind mit dem italienischen Fußball und seiner Ultrafankultur sozialisiert worden. Niemand von ihnen strebt jedoch an, den in britischer Tradition stehenden Support der Vienna zu unterwandern. Die neuen Elemente, die sie einbringen, helfen vielmehr, eine diverse und heterogene Fankultur lebendig zu gestalten.

Die originellen Choreografien, die in den letzten Jahren nur durch das gemeinsame Engagement so vieler umgesetzt werden konnten, haben sich zu einem Markenzeichen des Clubs und seiner Anhänger entwickelt. Über den biederen Rahmen der österreichischen Szene hinaus bekamen die Fans aus Döbling dafür internationale Anerkennung. Ihre Originalität ist eine Metapher für die auf der Hohen Warte gelebte traditionelle Andersartigkeit der Fans. Und immer wieder gründen sich aus dem überschaubaren Fankollektiv neue Gruppen unterschiedlichster Couleur. Die Vienna Troopers, die Vienna Flathats oder auch Partizan Rothschild sind die jüngsten Beispiele dieses Phänomens. Diese Entwicklung ist auch dem Umstand geschuldet, dass immer mehr Personen aus den österreichischen Bundesländern sowie aus Südtirol oder Deutschland zum Studium bzw. zur Arbeit nach Wien kommen. In der neuen Umgebung suchen diese Personen nach einer Anschlussmöglichkeit im Fußballsport und finden diese, fern des Fußballmainstreams, in Döbling. Von diesen Personen profitiert die blau-gelbe Fanszene ungemein. Am blau-gelben Fan-Grundkonsens, die eigene Mannschaft positiv zu unterstützen, im Gegenzug aber den Gegner nicht zu diffamieren und homophobe, rassistische, sexistische bzw. herabwürdigende Äußerungen sowie Anfeindungen zu unterlassen, wird dabei weiter festgehalten. Aktuell engagieren sich Fans aus dem Fanblock sowie Fangruppen in der in Österreich noch recht jungen internationalen Initiative „Fußballfans gegen Homophobie".

Anfang 2014 befand sich die Vienna sowohl sportlich als auch wirtschaftlich am Boden. Durch den Lizenzentzug war der Abstieg unvermeidlich geworden. Der Verein stand unmittelbar vor dem finanziellen Kollaps. In dieser Situation verständigten sich Vienna-Fans auf die Einrichtung eines Fandachverbandes. Dadurch sollte die Zusammenarbeit der Fangruppen bzw. Fans verstärkt und durch unterschiedliche Veranstaltungen gefördert werden, im schlimmsten Fall der Fälle hätte der Verband das Fundament für die Gründung eines Fanvereins werden können. Tatkräftige Unterstützung bekamen die Vienna-Anhänger dabei von Thomas Gassler und David Hudelist von der Fanorganisation Pro Supporters. Sie lieferten wichtigen inhaltlichen Input und die ersten Vernetzungstreffen konnten in den Räumlichkeiten der Fanaktivisten stattfinden. Am 20. Februar 2014 erfolgte schließlich die Gründung des blau-gelben Fandachverbandes First Vienna Football Club 1894 Supporters (kurz: Supporters).

Aufgrund der schwierigen Situation des geliebten Vereins erhielt der Dachverband sofort Zulauf aus allen Teilen der Fanszene. Im ersten Jahr traten bereits rund 120 Personen bei. Für die Akzeptanz und die spätere Entwicklung der Supporters war zunächst die aktive Beteiligung alteingesessener Fans von entscheidender Bedeutung – nur mit ihnen konnte sich der Dachverband breiter Akzeptanz sicher sein. Auch die Fangruppen spielten eine wichtige Rolle, ihr Einfluss sollte aber nicht zu groß werden, damit nicht unabhängige Vienna-Fans von einer Beteiligung abgeschreckt würden. Rasch wurden auch Gleichgesinnte aus dem Sitzplatzbereich eingebunden und so dehnte sich die Fanarbeit über den eigentlichen Fanblock hinaus aus. Im Stadion selbst entwickelte sich der vor jedem Spiel aufgestellte Stand der Supporters zur beliebten Anlaufstelle. Hier bot sich für viele die Möglichkeit eines niederschwelligen Einstiegs in die Szene. Mit den Einnahmen aus den Mitgliedsbeiträgen finanziert der Dachverband unterschiedlichste Aktionen.

Neben den Fanaktivitäten versuchten die Supporters auch tiefer in die Instanzen des Vereins vorzudringen. Mit dem entschiedenen Auftreten der Aktivisten änderte sich der Blick vieler Vereinsmitglieder auf die Fans und erhöhte die Wertschätzung der blau-gelben Fanszene innerhalb des Vereins. Viele Mitglieder, die den Fans gegenüber skeptisch gewesen waren, sympathisierten nun offen mit vielen der Fan-Forderungen. Von Anfang an hatte der Dachverband drei klare Forderungen vertreten: Erstens sollte der in den Vienna-Statuten verankerte Fanbeirat, ein Gremium, das die Zusammenarbeit zwischen Verein und Fans regelt, auch tatsächlich installiert werden. Zweitens forderten die Fanvertreter die antidemokratische Praxis der Stimmenübertragung bei der Generalversammlung auf maximal zwei Stimmen zu begrenzen. In der Vergangenheit hatten diverse Vereins-Präsidenten mit Hunderten solcher übertragenen Stimmen auf die eigene Person die Abstimmungen in der Generalversammlung zu einer politischen Farce werden lassen. Diese Praxis hatte in der Vergangenheit immer wieder dazu geführt, dass sich enttäuschte Mitglieder vom Verein abwandten. Als dritte Forderung sollten Fanvertreter in den Vienna-Aufsichtsrat gewählt werden können. Anfangs scheiterten die Supporters mit ihren Forderungen, doch sie bewiesen Durchhaltevermögen und konnten sich 2016 mit der Unterstützung vieler Vereinsmitglieder schließlich durchsetzen. Der Fanbeirat wurde installiert und zwei Vertreter aus der Fanszene zogen in den Aufsichtsrat ein. Der wichtigsten Forderung, jener nach Beschränkung der Stimmenübertragung in der Generalversammlung, wurde am 28. Juni 2016 stattgegeben. Nun musste diesen Erfolgen auf dem Papier aber erst noch Leben eingehaucht werden.

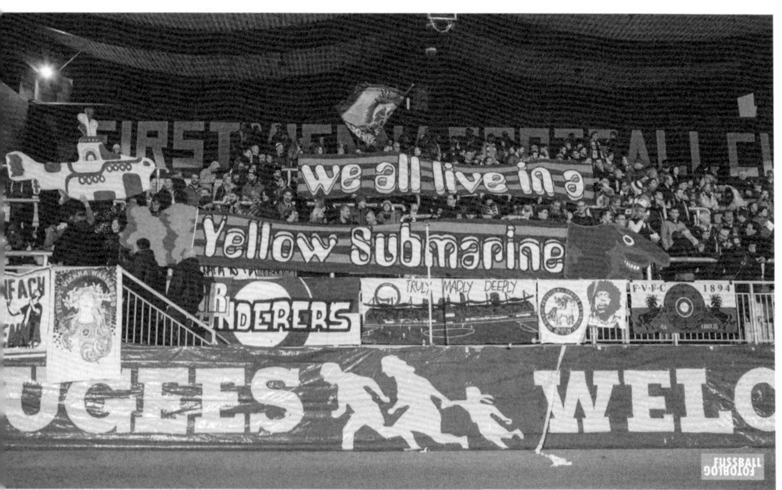

Vienna-Choreo vom 15. November 2015 gegen SC Neusiedl.

Das Urteil des Obersten Gerichtshofs in Wien über den insolvenzbedingten Zwangsabstieg der Vienna im November 2017 fiel in seiner Eindeutigkeit für die Vereinsleitung vernichtend aus. Die 5. Liga ist mittlerweile für Spieler, Trainer, Mitarbeiter und Fans Realität. Immerhin herrscht nun endlich Gewissheit – auch wenn sich alle Vienna-Anhänger natürlich eine andere Entscheidung gewünscht hätten. Die unsicheren Verhältnisse vor dem Urteil während der Herbst-Meisterschaft 2017 hatten große Auswirkungen auf die Zuschauerzahlen gehabt. Viele Fans waren von der Situation zermürbt und dies führte zum schlechtesten Zuschauerschnitt aller Zeiten in einer Halbserie. Nur insgesamt 4.367 Zuschauer besuchten die sieben blau-gelben Heimspiele im Herbst 2017. Im Schnitt verirrten sich damit nur rund 624 Besucher ins Stadion.

Die katastrophale Informations- und Fanpolitik der Vereinsleitung hat das Ihre dazu beigetragen, dass sich in den letzten Monaten viele Anhänger kopfschüttelnd abwandten. Nach einem Pyro-Vorfall im Herbst 2017 auswärts beim Wiener Sport-Club ging die Vereinsleitung mit einem Generalangriff auf alle Fans in Form einer Presseaussendung an die Öffentlichkeit, die weite Teile der organisierten Fanszene vor den Kopf stieß. Von Vereinsseite wurden Drohungen einer pauschalen Kriminalisierung der Fanszene in den Raum gestellt, die ein entsprechend negatives Echo hervorriefen. Der Vereinsleitung stand es natürlich frei, sich zum Thema Pyrotechnik in angemessener Form zu äußern. Doch viele Fans empfanden es als Hohn und Zynismus, dass die Vereinsleitung die Fans pauschal verurteilte und gleichzeitig auf der Vereinshomepage mit Fotos von Pyroaktionen für die gute Stimmung auf der Hohen Warte warb. Zudem wurde eine „Kontrolle der Fans“ durch den Dachverband eingefordert. Wie in vielen Fußballvereinen ist der Einsatz von Pyrotechnik auch in der blau-gelben Fanszene nicht gänzlich zu verhindern, Vorfälle hielten sich in der Vergangenheit aber stets im Rahmen.

Es ist festzuhalten, dass Pyrotechnik verboten ist, aber die Diskussion darüber oft überaus emotional geführt wird. Über die Gründe für dieses Verbot lässt sich trefflich streiten. Fakt ist auch, dass der Gesetzestext zum Pyroverbot bestimmte Ausnahmen vorsieht, in denen Pyrotechnik straflos verwendet werden darf.

Die Fanvertreter hatten schon seit Längerem ein entsprechendes Konzept ausgearbeitet, um diese Möglichkeiten auszuschöpfen. Doch während des Zeitraums eines halben Jahres – vor dem oben geschilderten Zwischenfall – nahm sich die Vereinsleitung nicht die Zeit, sich mit den Fans gemeinsam an einen Tisch zu setzen, um dieses Konzept zu prüfen und gegebenenfalls zu übernehmen. Damit hätte man aber Klarheit schaffen und etwaigen Strafen vorbeugen können. Zwar hat die Vereinsführung später ihr übereiltes Vorgehen eingesehen bzw. wurde schließlich auch noch eine gemeinsame Erklärung von Fandachverband und Vereinsleitung verfasst, aber einige der organisierten Fans, die viel dazu beigetragen haben, dass der Verein bis heute überlebt hat, bleiben weiterhin skeptisch.

Diese Skepsis hat auch damit zu tun, dass die vollmundigen Versprechungen der Vereinsleitung von mehr Transparenz und einem „anderen Stil" noch nicht umgesetzt wurden. Der Aufsichtsrat etwa erhielt bis dato keinen Einblick in die Geschäftszahlen der Vienna und kann so seiner eigentlichen Aufgabe nicht nachkommen. Auch werden die Mitglieder und Fans völlig im Unklaren gelassen, wie die Vereinsführung gedenkt, bei den fortan geringeren Einnahmen das Überleben der Vienna zu sichern. Trotz des vernichtenden Gerichtsurteils haben viele den Eindruck, dass die Vereinsführung *business as usual* betreibt. Außer inhaltsleeren Imagevideos war hinsichtlich der Zukunft des Vereins bislang nicht viel von der Geschäftsführung zu hören.

All das sind Dinge, die alarmieren – gerade bei einem Verein, der in die 5. Spielklasse abgestürzt ist und dessen Vereinsleitung noch keinen Plan vorgelegt hat, wie sie den Spielbetrieb aufrechterhalten will. In der 2. Landesliga sollte die Vienna etwa keinen bezahlten Geschäftsführer mehr brauchen.

In diesem Zusammenhang stößt vielen Fans der um sich greifende Nepotismus rund um die Vereinsleitung besonders bitter auf. Den ausgeschriebenen Gastronomiepachtvertrag erhielt – trotz sechs Bewerbern – schlussendlich ein Verwandter eines der Vizepräsidenten. Aufgrund dieser Entscheidung muss sich die Vereinsleitung den Vorwurf der Freunderlwirtschaft schon gefallen lassen. Noch dazu, wo man mit dem Versprechen angetreten war, mit solchen Missständen aufzuräumen, die leider beim Verein in der Vergangenheit normal waren.

Die neoliberale Rhetorik der derzeitigen Geschäftsführung, die die blau-gelbe Basis nur als „Kundschaft“ zu begreifen scheint, erzeugt bei vielen Fans ebenfalls Misstrauen. Sie begründet letztlich den Verdacht, dass die Vereinsleitung im Grunde nicht versteht oder verstehen will, was die blau-gelbe Fanszene in ihrem Herzen ausmacht. In der unmittelbaren Vergangenheit wurden beispielsweise viele ehrenamtliche Helfer von der Vereinsleitung nach getaner Arbeit vor den Kopf gestoßen. Ihre Arbeit wurde angenommen, aber anschließend wurden die Helferinnen und Helfer ohne ein Wort des Dankes wieder in die Wüste geschickt. Es ist halt zu wenig, wenn der Geschäftsführer vor jedem Mikrofon betont, wie „hammergeil die blau-gelbe Fanszene ist!“

Was gilt für die Zukunft? Ein ernstzunehmender Austausch auf Augenhöhe zwischen Verein und organisierter Fanszene sollte intensiviert werden. Viele engagierte Fans hatten in der Vergangenheit das Gefühl, als kostenlose Personalreserve der Geschäftsführung herhalten zu müssen. Ein Fußballverein ist aber keine Bank, sondern ein lebendiger Mitgliederverein. Die Matchbesucher sind keine Kunden, sondern vielmehr Teilhabende, denen ein besoldeter Geschäftsführer Rechenschaft schuldet. Es gilt nicht irgendwelche *Stakeholder* zu befriedigen, sondern Vereinsmitgliedern Rede und Antwort zu stehen und sich zu verantworten.

Die organisierten Fans der Vienna werden sich mit den Realitäten in der 5. Liga anfreunden. Die neue Situation bietet neue Möglichkeiten. Viele der jungen Anhänger werden nun erstmals einige der legendären Plätze des Wiener Unterhauses kennenlernen. Im Frühjahr 2018 gab es auch seit langem wieder Döblinger Bezirksderbys gegen den Nußdorfer AC und Fortuna 05. Natürlich können diese Begegnungen das Kleine Derby nicht ersetzen und der Verein wird weiter um sein finanzielles Überleben kämpfen müssen. Wie auch schon früher sind die Fans dazu aufgerufen, ein wachsames Auge auf die Vereinsführung zu haben. Im Gegensatz zu den handelnden Personen, die in der Vergangenheit häufig in rascher Folge wechselten, sind sie – die Fans – die einzige Konstante des First Vienna Football Club.

Interviews

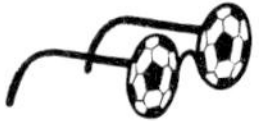

Ich treffe Leo an einem Spieltag im Herbst 2018 im Vienna Tennisstüberl, offiziell die Vienna Lounge, auf der Hohen Warte. Während der zwei Stunden bis zum Spielbeginn trinken wir Kaffee auf der Terrasse und schauen den Tennisspielern und Spielerinnen zu, wie sie auf den Plätzen den Filzkugeln hinterherjagen.

Wie bist du erstmals auf die Hohe Warte gekommen?
Ich bin jetzt 70 Jahre alt und seit meinem siebenten Lebensjahr Vienna-Anhänger. Mein Vater hat Anfang der 1930er Jahre in der Reserve der Vienna gespielt und mich später als Kind auf die Hohe Warte mitgenommen. Mein erstes Spiel war ein 3:2 Sieg gegen den 1. Simmeringer SC im September 1955. Sofort war ich begeistert von der Mannschaft und der Hohen Warte. Da hat der Kurt Schmied im Tor gespielt, der Röckl in der Verteidigung und im Sturm Otto Walzhofer und der Hansi Menasse. Im Frühjahr ist dann der junge Hansi Buzek in die Mannschaft gekommen. Ich könnte dir sofort den ganzen Kader von damals aufzählen. *(Er zählt den Kader auf.)* Gleich in dieser Saison habe ich einen Meistertitel erlebt. Das war natürlich prägend für mich. Leider konnte ich damals noch nicht wissen, dass es bis heute der letzte Meistertitel gewesen sein sollte.

Aber du hast auch selber bei der Vienna gespielt?
Ja, aber nur im Nachwuchs. Vielleicht hätte es nicht am Talent gefehlt. Aber meine Einstellung und die wenige Zeit neben der Schule waren schon ein Problem. Nachwuchsleiter war damals der ehemalige Wunderteamspieler Leopold Hofmann. Später habe ich beim 1. Brigittenauer AC gespielt. Zwar bin ich in Döbling geboren, meine ganze Jugend habe ich aber in der Brigittenau verbracht. Aus meinem Nachwuchsjahrgang bei der Vienna war der Peter Persidis der bekannteste Spieler. Auch der Gerhard Böhmer war bei uns. Später hat er in Belgien gespielt und eine Schönheitskönigin geheiratet.

Du hast schon deine Highlights angesprochen, gab es da noch welche?
Mit der Vienna erlebt man Höhen und Tiefen. Ich habe hier schon die unglaublichsten Trainer erlebt. Neben dem Meistertitel von 1955 waren natürlich die beiden UEFA-Cup-Saisonen Highlights.

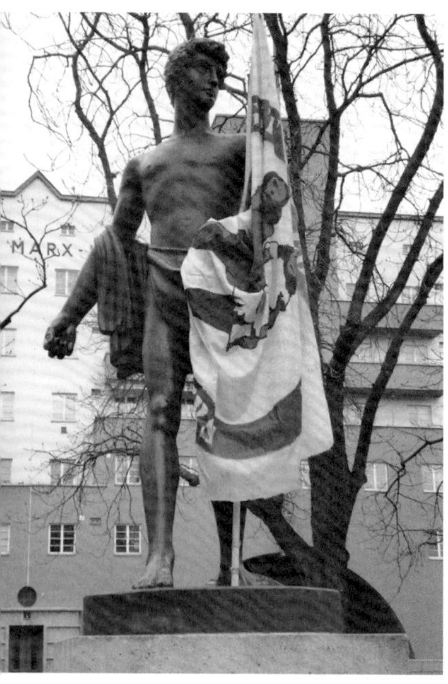

Der Karl-Marx-Hof in Döbling ist traditionelles Vienna-Territorium. Auch der dortige „Sämann" trägt gelegentlich Blau-Gelb.

Da hatten wir eine tolle Mannschaft. Später ging es dann runter und rauf. Dann musste ich mich auf ein niedrigeres Niveau einstellen. Das letzte Highlight für mich war der Aufstieg unter Trainer Peter Stöger. In der folgenden Saison bin ich dann mit der Mannschaft ins Wintertrainingslager in die Türkei gefahren. Neben den Vereinsangehörigen waren fünf ältere Anhänger mit. Für uns Fans war das natürlich eine sehr schöne Erfahrung, so nah an der Mannschaft zu sein. Ich habe dazu auch ein Trainingstagebuch geschrieben. Dem Verein hat das gefallen und seitdem schreibe ich Berichte über die zweite Mannschaft und helfe fallweise bei der ersten Mannschaft aus.

Regelmäßig über die erste Mannschaft zu schreiben, wäre mir zu viel. Ich komme ja zur Unterhaltung auf die Hohe Warte und um Freunde zu treffen. Bei der zweiten Mannschaft mache ich das eh das ganze Jahr. Auch kümmere ich mich um die Statistik bei der Vienna und mache auch teilweise die Fotos. Letzten Sonntag habe ich etwa im Nachwuchszentrum die Fotos zu allen Nachwuchsmannschaften gemacht. Nach gut 300 Fotos hatte ich schon einen Muskelkater. So arbeite ich, aber auch einige Freunde von mir, ehrenamtlich beim Verein mit. Ob als Kassier, Ordner oder Zeitnehmer, wir helfen bei der zweiten Mannschaft aus, solange wir können und es uns Spaß macht.

Wie war die Stimmung auf der Hohen Warte, als du das erste Mal da warst?

Der Unterschied zu heute waren einmal die Zuschauerzahlen. Damals waren ja zehntausend Zuschauer keine Seltenheit. Anstatt der

Betontribüne gab es eine aus Holz. Die Infrastruktur war damals halt recht bescheiden. Vor dem eigentlichen Stadiongelände gab es drei große Parkplätze, die heute verbaut sind. Durch den Zuschauerrückgang hat man die ja nicht mehr gebraucht. Der erste Parkplatz ist mit der Zeit zu einer Müllhalde verkommen. Die beiden anderen wurden mitunter als Trainingsplätze für den Nachwuchs verwendet. Auch im Stadion selbst sah es anders aus. Auf der Naturseite gab es in der Kurve eine Kantine, die der ehemalige Spieler Willibald Schmaus betrieb. Die Kantine war schief, damit sie in den Hang der Kurve passte. Natürlich gab es damals noch die berüchtigten Holzbänke, wo man schauen musste, dass man sich keinen Schiefer einzieht. Da gab es auch Leute, die haben dir mit einem Putzfetzen die Bank abgewischt und denen hat man zwei Schilling als Schmattes gegeben. Auch gab es früher noch eine klare Trennung zwischen Sitz- und Stehplätzen. Die Sitzplätze waren natürlich vorne und haben sich in die Kurve und bis rauf zum heutigen Fernsehhütterl erstreckt. Über die Beschaffenheit des Spielfelds brauchen wir nicht zu reden. Heute würde man sagen, was für eine Gstätten.

Damals gab es oben am Hang, gleich bei der Meteorologischen Anstalt, auch einen Eingang mit Kassa. Das war für alle Besucher, die von der Endstelle der Straßenbahn 37 auf der Hohen Warte rüber zum Platz gekommen sind. Von dort oben hat man ja einen herrlichen Blick auf Wien. Sowohl das heutige Tennisstüberl als auch die Gastronomiehütten gleich beim Eingang gab es damals noch nicht. Statt dem Tennisstüberl war nur eine Bruchbude vorhanden. Die Kabinen waren damals ja auch entsprechend. Wie früher in den Wiener Bädern gab es damals noch Holzbänke und entsprechende Holzspinde. Im Vergleich zu damals hat sich natürlich viel verändert.

Wo hattest du damals deinen Platz im Stadion?
Ich habe immer versucht auf der Arenaseite ganz vorne im Sitzplatzbereich, nahe zum Spielfeld, einen Platz zu bekommen. Manchmal hat es funktioniert, aber nicht immer. Viele Zuschauer sind immer zu den Spielen gegen Rapid und Austria gekommen. Aber auch Begegnungen gegen kleinere Wiener Traditionsvereine wie Simmering waren gut besucht. Damals gab es natürlich bei den Spielen nicht diesen Support. Aber die Stimmung war, wie ich finde, ausge-

zeichnet. Die Anhänger haben die Mannschaft lautstark angefeuert. Ich kann nicht genau sagen, wann die spezielle Vienna-Fankultur entstanden ist. Aber ich erfreue mich sehr an den Choreografien, oder wenn der Edi seinen Dudelsack spielt. Eine sehr schöne Fankultur, bis auf ein paar Sachen, mit denen ich nicht einverstanden bin. Auch weil es dem Verein schadet. Da meine ich jetzt die Pyrotechnik. Um eine gute Stimmung im Stadion zu haben, brauche ich keine bengalischen Feuer. Aber unsere Fankultur ist was Besonderes. Gerade auch auswärts ist es toll, wie viele Anhänger die Mannschaft begleiten. Die Fans sind unheimlich wichtig, gerade für einen Verein wie die Vienna. Da stimmt es mich dann schon traurig, wenn ich sehe, wie wenige Anhänger zu den Spielen der 1b kommen. In den 1970er und 1980er Jahren sind leider immer weniger Zuschauer gekommen. Die Leute konnten sich mehr leisten und sind allgemein in Österreich den Fußballplätzen ferngeblieben. Man sieht es ja heute bei den Kindern und Jugendlichen und deren ganz unterschiedlichen Freizeitaktivitäten. Hätten wir nicht die Zuwandererkinder, dann gäbe es in Wien höchstens zwei Spielklassen. Ohne ihr Engagement in unterschiedlichster Form hätte der Wiener Fußball große Probleme.

Ich kann mich noch erinnern, wie in den 1950er Jahren die ersten Legionäre, zwei Ungarn, zur Vienna gekommen sind. Viele österreichische Mannschaften holten ihre ausländischen Spieler vornehmlich aus Osteuropa. Eine Ausnahme war der „Pauli". Paulinho, ein Brasilianer, und der erste schwarze Spieler bei der Vienna. Sein Debüt im Winter 1962 gegen Rapid werde ich nie vergessen, als er auf Schneeboden gleich für den Siegestreffer sorgte. Später habe ich den Pauli und andere Vienna-Spieler für unsere Betriebsfußballmannschaft geködert – zuerst das Spiel und anschließend ein Ausflug zum Heurigen. Das waren wunderbare Zeiten und der Kontakt zu den Spielern war auch ein ganz anderer. Aber mit der Zeit hat sich das natürlich auch verändert.

Bist du dann auch immer auswärts mitgefahren?
Nur zum Teil, auch bin ich ein paar Mal mit dem Fanbus mitgefahren. Bis ich mich zu oft ärgern musste. Da sind oft die Abfahrtszeiten nicht eingehalten worden und man musste endlos warten. Das war dann nicht so meins. Außerdem waren meine Wochenenden auch so sehr ausgefüllt. Ich habe damals noch für eine Zeitung

gearbeitet. Mein Wochenende begann am Freitag mit einem Eishockeymatch. Am Samstag und Sonntag hatte ich entweder selber ein Spiel oder bin beruflich zu anderen Spielen gegangen. Oft gab es dann am Sonntagabend noch ein weiteres Eishockeyspiel. Mit Beruf und Familie ist mir das irgendwann zu viel geworden und ich habe zurückgeschraubt.

Neben dem Fußball ist Eishockey meine zweite Sportleidenschaft. Meine Mutter stammt aus Zell am See. Dort habe ich immer wieder den Sommer verbracht und bin zum dortigen Eishockeyverein EK Zell am See gegangen. Ein Lokalblatt hat mich dann später gebeten, Spielberichte von den Auftritten der Salzburger in Wien zu verfassen. Oft habe ich aus Wien zehn Seiten Sport geliefert. Lustigerweise spielen die Zeller auch in den Farben Blau und Gelb. Zum 75-jährigen Jubiläum des Vereins habe ich sogar eine Vereinschronik mit dem Titel „Die EKZ-Story mit Herz und Volldampf" verfasst. Leider ist deren Erscheinen aber an präpotenten Vereinsfunktionären gescheitert. In den 1990er Jahren wollte der Vienna-Archivar Reinisch, dass ich auch eine Vereinschronik zur Vienna schreibe. Doch ich bin ja kein Historiker und hätte neben Beruf und Familie auch nicht die Zeit zur grundlegenden Recherche gehabt.

Hattest du eigentlich Lieblingsspieler bei der Vienna?
Ja natürlich, ich habe den Hansi Buzek sehr verehrt. Er war für mich ein Vorbild, weil er den Sprung aus dem Nachwuchs zum Star geschafft hat. Dann natürlich unser Rekordspieler Karl Koller, ein Vorbild an Einsatz und Lauffreude. Auch sehr gut haben mir Peter Stöger und Andi Herzog gefallen, obwohl beide nur kurz bei uns waren. Aus der Europacupmannschaft hat mir ferner der Zoltán Péter sehr imponiert. Aber immer das Wichtigste war für mich die Leistung der gesamten Mannschaft. Eine lustige Anekdote gab es auch. Im Sommer 1970 habe ich einen Freund in Hamburg besucht, der Funktionär beim FC St. Pauli war. Ich durfte dann sogar mit der Mannschaft mittrainieren. Im Tor stand damals ein gewisser Udo Böhs. Die Hamburger spielten in der Regionalliga Nord, damals die zweithöchste Spielklasse, und zwei Jahre später wechselte der Böhs zur Vienna. So klein ist die Welt.

Seit dieser Saison setzt die Vienna verstärkt auf den Nachwuchs, warum nicht schon früher?
Tja, weil man halt als junger Spieler, um sich durchzusetzen, auch die richtige Einstellung braucht. Ein gutes Beispiel dafür ist Thomas Vanek, unser NHL-Export. Ich habe ihn als 11-Jährigen in Zell am See erlebt, weil sein Vater dort Nachwuchsleiter war. Da hat er parallel schon U12 und U14 gespielt und über 100 Tore erzielt. Mit 14 Jahren hat er sich ganz allein ohne Eltern in den USA durchgebissen. Im Aufstiegsjahr unter Peter Stöger hatten wir einen hoffnungsvollen Nachwuchsspieler, der zwischenzeitlich zur ersten Mannschaft gehörte. Aber nach Rückschlägen, die ganz normal sind, hat er sich hängen lassen. Schließlich ist er in der Salzburger Landesliga gelandet und hat von dort den Sprung in die österreichische Bundesliga geschafft. Heute ist er österreichischer Nationalspieler und stürmt für Mainz. Schade, dass er damals bei uns nicht die richtige Einstellung hatte. Es ist halt schwierig aus der 1b den Sprung in die erste Mannschaft zu schaffen. Aus der finanziellen Not heraus wurden heuer erstmals mehrere Spieler befördert. Die Jahre davor haben sich leider zu wenig Spieler dauerhaft durchsetzen können.

Kannst du dich noch an für dich legendäre Spiele erinnern?
Ich habe so viele Spiele gesehen – ob erste, zweite Mannschaft, Frauen oder Nachwuchs. Da verschwimmen manchmal schon die Erinnerungen. Viele Spiele waren denkwürdig. Etwa die Spiele in der letzten Meistersaison oder die Begegnungen im Europacup. Auch natürlich die Auftritte von besonderen Spielern wie zum Beispiel Weltmeister Mario Kempes oder Hans Krankl. Andererseits habe ich mich bei vielen Spielen auf der Hohen Warte schon gefragt, warum ich mir das antue *(lacht)*.

Was würdest du dir für die Zukunft der Vienna wünschen?
Aktuell durch die Lage, in die sich die Vienna hineinmanövriert hat, ist vieles unklar. Das spielt ja alles mit, sowohl in den Köpfen der Spieler als auch der Fans. Einigen arrivierten Spielern muss man danken, dass sie geblieben sind. Die jungen Spieler kommen langsam nach und haben sich immer besser an den Ligaalltag gewöhnt. Ich hoffe auch, dass der eine oder andere Spieler dauerhaft den Sprung aus der zweiten in die erste Mannschaft schafft. Ich habe im Herbst nicht verstanden, warum man den Platztausch vor-

nimmt. Unter besseren Wetterbedingungen im Sommer hätte man auch ohne Tribüne bessere Einnahmen gehabt als bei Kälte im November. Es war ja abzusehen, dass sich die Tribünensanierung für den Herbst nicht ausgehen wird. Jetzt müssen wir schauen, dass es überhaupt zum Frühjahrsstart klappt.

Die Insolvenz war unsere einzige Chance, aus den ganzen Problemen herauszukommen. Viele Leute waren natürlich blauäugig und haben weiter auf die Finanzstärke von Care Energy vertraut, obwohl sich 2015 schon die mediale Negativberichterstattung zur Firma häufte. Da hätte man hellhörig werden und sich nach Alternativen umschauen müssen. So gesehen, sind wir halt jetzt in der Bredouille. Ich hoffe aber, wir kommen da raus. Die Vienna hat es in der Vergangenheit schon so oft geschafft, Konkurse zu vermeiden und es ist weitergegangen. So hoffe ich halt, dass es auch jetzt wieder weitergehen wird. Als Vienna-Fan kann man nur auf bessere Zeiten hoffen.

Langfristig hoffe ich, dass die Vienna wieder in die zweithöchste Spielklasse kommt, auch wenn dies in unserer aktuellen Situation natürlich Zukunftsmusik ist. Allerdings nur unter seriösen finanziellen Bedingungen. Es wäre auch schön, wenn konstant 2.000 Zuschauer ihren Weg auf die Hohe Warte finden würden. Allerdings auch davon sind wir aktuell weit weg. Meine Idealvorstellung wäre eine junge, hungrige Mannschaft, die durch ein paar erfahrene Spieler aufgewertet wird. Ich sehe es ja jetzt auch bei der Vienna 1b, wo sich die Sechzehnjährigen erst im Erwachsenenfußball durchsetzen müssen. Zwar sind sie fußballerisch gut ausgebildet, aber es fehlt ihnen natürlich noch die Körperlichkeit, die nötig ist, um sich durchzusetzen. Wir müssen halt auf die Zukunft hoffen. Persönlich muss ich auch sagen, dass ich ruhiger und abgeklärter geworden bin. Wenn unsere Situation vor ein paar Jahren so eingetreten wäre, dann wäre ich schon sehr kribblig gewesen *(lacht).*

(Interview 20. Oktober 2017)

Zum Furtner ist ein klassisches Wiener Wirtshaus auf der Döblinger Hauptstraße. Von hier sind es mit der Straßenbahn 37 nur zwei Stationen auf die Hohe Warte. Im Ambiente des gemütlichen Vorstadtbeisls empfängt mich Erwin bei seinem Menü und lässt mich teilhaben an seiner langjährigen Beziehung zur Vienna.

Wie bist du Anhänger der Vienna geworden?
Das hat mit meinem Vater zu tun, der ein großer Vienna-Anhänger war. Er selbst hat in den 1920er Jahren in der Vienna-Reserve gespielt. Bei einem Match ist er vom Bruder vom Josef Uridil in die Spielfeldbegrenzung aus Holz geschmissen worden. Dabei hat er sich eine schwere Kieferverletzung zugezogen und musste mit dem Kicken aufhören.

Zum ersten Mal auf der Hohen Warte war ich als Achtjähriger im Herbst 1959. Die Vienna hat damals 3:1 gegen den Wiener AC vor 6.000 Zuschauern gewonnen. Zwei Tore hat der Helmut Senekowitsch gemacht. Als Döblinger war es natürlich klar, dass ich zur Vienna gehe. Damals gehörte die Vienna zu den „Großen Vier" des österreichischen Fußballs. In der Saison 1960/61 sind sie noch einmal Vizemeister geworden und haben das Cupfinale leider gegen Rapid verloren. Die Mannschaft war noch eine Mischung aus Spielern der letzten Meistermannschaft von 1955 und der späteren Generation. Die Stars waren der Karl Koller, Hans Buzek und Helmut Senekowitsch. Der „Seki" ist ja dann zu Betis Sevilla gegangen.

Wie war Ende der 1950er Jahre die Stimmung auf der Hohen Warte?
Geruhsam trifft es für mich am besten, obwohl ich die Stimmung nicht so schlecht fand. Die Pensionisten haben halt hinuntergeschrien, das hat man gut hören können. Aber eine eigentliche stimmliche Unterstützung wie heute hat es damals nicht gegeben. Der Matchbesuch war früher ja eine preisgünstige Sache, die Freizeit zu verbringen, und viel sonstiges Angebot hat es ja nicht gegeben. Bei normalen Spielen war der Zuschauerzuspruch überschaubar. Nur gegen die Großen, wie Rapid, sind natürlich mehr Besucher gekommen. Damals als kleiner Bub bin ich mit meinem Vater auch öfters auf die anderen Wiener Plätze gegangen. Da sind wir nach Floridsdorf zur Admira oder nach Meidling zur Wacker gefahren.

Auch in Simmering und Dornbach waren wir. Nur Hütteldorf haben wir gemieden, weil mein Vater auf der Pfarrwiese einmal von Rapidlern tätlich angegriffen wurde. Damals gab es auch noch die Doppelveranstaltungen, also zwei Meisterschaftsspiele hintereinander, meist im Praterstadion.

Bei den Heimspielen war unser Platz auf der Naturseite, gleich auf dem Stehplatz an der Barriere zu den Sitzplätzen. Wir haben immer geschaut, dass wir rechtzeitig kommen. Die Plätze in der Mitte an der Barriere waren recht beliebt. Damals gab es noch einen Preisunterschied zwischen Sitz- und Stehplatz auf der Hohen Warte. Außerdem hat es für den Sitzplatzbereich keine Kinderkarte gegeben. Ab und zu habe ich mich als Kind in den Sitzplatzbereich geschwindelt. Da bin ich dann zum linken Eingang der Sitzplätze gegangen. Für ein paar Schilling hat mich dann ein Pensionist reingelassen.

Schon als Kind habe ich schlecht gesehen. Die Sitzplätze waren viel näher am Spielfeld und die Sicht besser. Der Sitzplatzbereich ging damals viel weiter in den Hang hinauf und war durch die schon erwähnte Holzbarriere von den Stehplätzen abgetrennt. Man sieht heute noch ein bisserl diese Trennung im Hang. Damals sind ja die Anhänger auch in der Kurve gestanden, aber dort war die Sicht nicht optimal. Auch die Kantine war damals in der Kurve, auf der Seite des damaligen Haupteingangs. In meiner Anfangszeit

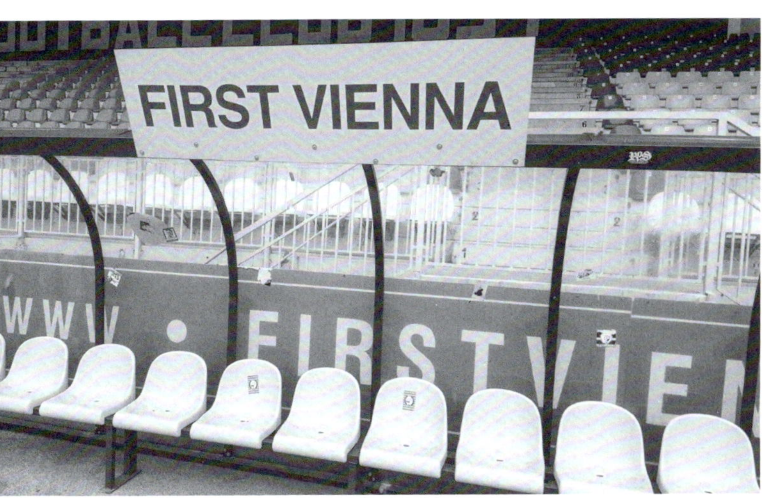

Trainerbank auf der Hohen Warte, leider zu oft ein Schleudersitz.

gab es auf der anderen Seite, wo heute die Betontribüne steht, eine kleine Holztribüne ohne Dach. Die ist dann Ende der Sechzigerjahre, glaube ich, abgetragen worden.

Man kann sich das heute gar nicht mehr vorstellen, aber bis Anfang der Sechzigerjahre, als es in der Barawitzkagasse in der Nähe zur Hohen Warte noch die Straßenbahngleise gab, sind dort die Straßenbahnwaggons gestanden, gestapelt, für den Abtransport der Vienna-Fans nach Spielende. Heutzutage sind die Zuschauerzahlen halt ein Jammer. In meiner Anfangszeit waren sie mit 4.000 bis 5.000 Zuschauern noch recht stabil. Bei großen Spielen natürlich mehr. Dann ist das immer weniger geworden. In den 1980er Jahren gab es in der obersten Spielklasse eine Partie gegen Sturm Graz, wo nur 900 Besucher nach Döbling gekommen sind.

Bist du allein oder mit Freunden auf die Hohe Warte gegangen?
Am Anfang mit dem Vater und später dann allein. In meiner Schule, dem BG 19 in der Gymnasiumstraße, war ich eigentlich der einzige Vienna-Anhänger. Meine Mitschüler stammten alle aus bürgerlichen Familien, in denen man sich nicht für Fußball interessierte. In der ganzen Schule gab es noch einen Austria-Fan und einen WSC-Anhänger und nicht mehr.

Was waren für dich damals spezielle Spiele?
Da erinnere ich mich an das Spiel gegen Schwechat in der Saison 1968/69. In der Vorsaison sind wir abgestiegen. Schwechat war damals unser Mitkonkurrent um den Wiederaufstieg. Im Mai 1969 im direkten Duell zu Hause kam es zu einem Abbruch, weil Schwechat nach drei Ausschlüssen und zwei Verletzungen nur mehr sechs Spieler auf dem Feld hatte. Am Anfang hatte Schwechat noch 1:0 geführt. Dann ist der erste von ihnen ausgeschlossen worden. Nach der Pause noch zwei und die Vienna hat noch drei Tore erzielt. Nachdem zwei Spieler mit Verletzungen raus mussten, kam es zum Abbruch. Da hat es sich abgespielt! Das Spiel ist dann am grünen Tisch mit 3:0 für uns gewertet worden.

In dieser Saison gab es auch seit langer Zeit wieder einmal ein Döblinger Bezirksderby, da der Nußdorfer AC in die zweithöchste Liga aufgestiegen war. Da kann ich mich auch noch gut an das erste Spiel auswärts erinnern. Anfang Dezember 1969 kamen 3.000 Zuschauer auf dem kleinen Platz zusammen und die Vienna gewann knapp mit 4:3. Da muss ich gestehen, war ich einmal der Vienna untreu und hab dem Nußdorfer AC die Daumen gedrückt. Die hätten die Punkte mehr gebraucht. Das Spiel war sehr ausgeglichen und zwei Ausschlüsse für die Gastgeber gaben dann den Ausschlag. Die Heimfans haben getobt und der Schiedsrichter musste unter Polizeischutz vom Platz gebracht werden. Nach Ende der Saison ist dann die Vienna auf- und der Nußdorfer AC abgestiegen.

Wieder ganz oben sind wir in die nächste Saison sehr gut gestartet und blieben in den ersten acht oder neun Spielen ohne Niederlage. Dann kam das Spiel in Dornbach gegen den WSC. Ich bin mit Bekannten aus dem Kopenhagenhof, einem Döblinger Gemeindebau, zum Spiel gegangen. Zu Spielbeginn haben wir dann gleich angestimmt: „Schickt uns den FC Santos her, der Sport-Club ist kein Gegner mehr!“ Prompt ist unser Hochmut bestraft worden und der WSC hat nach rund zehn Minuten schon 3:0 geführt. Schlussendlich hat die Vienna mit 1:4 verloren. Nach Schlusspfiff haben wir schnell unsere Fahne zusammengerollt und sind heimgefahren. Die Fahne war damals unser einziger Fanartikel. Schals und diese Dinge hat es damals noch nicht gegeben. Die Vienna hat sich dann in der Liga wieder eine Zeit lang gehalten. Aber im Vergleich zu früher haben wir nicht mehr um die vorderen Plätze mitgespielt. Es gab auch eigentlich keine Stars mehr bei uns. Einer der auffälligsten Spieler war der Herbert Poindl, unser damaliger Spielmacher.

Was viele Leute nicht mehr wissen: Mitte der 1970er Jahre gab es Bestrebungen, aus der Vienna einen Heeressportverein zu machen. Wieder einmal hatte der Verein finanzielle Probleme und das Verteidigungsministerium sollte einspringen und in die Anlage investieren. Es gab auch die Idee, beim Heer eingerückte Soldaten für die Vienna spielen zu lassen. Zum Glück ist dieser Plan aber nicht umgesetzt worden.

Speziell für mich war natürlich auch der Wechsel von Hans Krankl zu uns. Damals im Frühjahr 1980 haben wir Rapid mit 4:0 geschlagen und Krankl hat zwei Tore erzielt. Obwohl Krankl gut spielte und Tore machte, sind wir trotzdem abgestiegen. Typisch Vienna halt!

Spiele gegen Rapid waren für mich immer etwas Besonderes. Da gab es eine ganz spezielle Partie im August 1989 im Weststadion. Wie immer hatten wir keine großen Erwartungen für das Spiel und fünfzehn Minuten vor Schluss ist es 4:1 für Rapid gestanden. Ein Vienna-

Spieler hatte sich verletzt, musste raus und die Vienna konnte nicht mehr tauschen. Ich habe mich am Oberrang langsam zusammengepackt und zum Gehen fertiggemacht. Wie ich mich auf den Weg machen will, gelingt der Vienna das 2:4. Eine Minute vor Schluss dann der Anschlusstreffer und in der Überspielzeit schließlich der Ausgleich. Mit zehn Mann. Gut, dass ich geblieben bin.

Wie war damals in den 1970er Jahren die Situation unter den Vienna-Anhängern?
1972 ist bei der Vienna ein Anhängerverein gegründet worden. Da bin ich beigetreten und relativ schnell Vorstandsmitglied geworden. Die Initiatoren waren der junge Niedermeyer von der Fotokette und der Sohn vom *Heurigen Mandl*. Wir waren aber nur eine Handvoll Leute und haben uns beim Spiel getroffen. Einmal im Monat gab es eine Vereinssitzung. Aber die Aktivitäten waren minimal. Leider ist der junge Mandl dann bei einem Verkehrsunfall tödlich verunglückt und in der Folge haben sich unsere Aktivitäten dann verlaufen. Die Vienna hat sich für den Anhängerverein nicht interessiert, eher im Gegenteil. Wir hatten das Gefühl, dass wir nicht erwünscht sind. Niedermeyer hat der Vienna sogar eine Videokamera geschenkt, aber auch dafür gab es vom Verein keinen Dank. Typisch Vienna halt. Trotzdem haben wir versucht, den Verein zu unterstützen, und sind etwa für die damalige Vienna Matchzeitung Inserate keilen gegangen im Bezirk. Mit einigen Leuten von der Anhängervereinigung bin ich noch immer in Kontakt.

Natürlich bin ich weiter auf die Hohe Warte gegangen. Nur in den 1980er Jahren hatte ich einmal Probleme, weil die Vienna eine Zeit lang alle Heimspiele am Sonntagvormittag ausgetragen hat. Das war mir am Sonntag zu früh. Ich habe sogar Unterschriften gegen diesen Spieltermin gesammelt. Der Spieltermin wurde auf Drängen des Sponsors, einer Fast-Food-Kette, damals so fixiert. Ursprünglich war der angestammte Spieltermin der Vienna der Sonntagnachmittag. Hin und wieder wurde das Derby gegen den Sport-Club am Sonntagvormittag ausgetragen.

Wann gab es dann den ersten wirklichen Support von den Rängen für die Mannschaft?
Also, das war dann in den 1980er Jahren durch die Kojoten. Davor bin ich zweimal bei den organisierten Auswärtsfahrten mit-

gefahren. Einmal nach Eisenstadt und einmal nach Graz. Später bin ich dann mit einem Bekannten privat auswärts gefahren. Die Auswärtsfahrten waren immer recht nett. Beim GAK etwa wurde in deren Fanlokal für uns Verpflegung bereitgestellt. Reibereien mit anderen Fans gab es eigentlich nie. Auch früher, in den 1960er und 1970er Jahren, kann ich mich nicht an größere Vorfälle erinnern. Einzig ein Besuch bei Rapid konnte problematisch werden.

Wie sieht sozusagen ein alter Hase die junge Vienna-Fanszene?
Prinzipiell positiv, so wie die Kojoten damals auch. Es wird gute Stimmung gemacht. Einzig mit der Pyrotechnik habe ich meine Probleme. Da ist mein Standpunkt eindeutig. Aus guten Gründen sind diese Sachen verboten und Punkt. Da brauche ich gar nicht mehr weiter zu diskutieren. Meiner Meinung nach gibt es da keinen Spielraum.

Was wünscht du dir für die Zukunft der Vienna?
Wichtig wäre, dass wieder Sicherheit bei der Vienna einkehrt. Ich war ja immer Mitglied, bis Präsident Dvoracek gekommen ist. Mit der Stimmenübertragung waren die Generalversammlungen damals eine Farce. Da bin ich ausgetreten und nur mehr zu den Spielen gegangen.

Für die Zukunft bräuchten wir halt einen investitionsfreudigen Präsidenten, der mit dem richtigen fußballerischen Sachverstand zuerst einmal in die Infrastruktur investiert, also in unser Stadion. So können wir den Grundstein legen, damit mehr Zuschauer kommen, bei gleichzeitigem Erhalt des Naturcharakters der Anlage. Erst wenn das infrastrukturelle Niveau gehoben ist, macht es Sinn, in die Mannschaft zu investieren. Die jetzige Situation auf der Arenaseite mit den Stahlrohrtribünen ist ja nicht optimal. Natürlich haben wir mit diversen Präsidenten schon schlechte Erfahrungen in der Vergangenheit gemacht. Sonst, wenn sich niemand Seriöses findet, dann bleibt uns nur das Weiterwurschteln, so wie bisher.

(Interview 12.10.2017)

Mit Karin treffe ich mich in ihrer Wohnung unweit der Döblinger Hauptstraße. Sie hat schon ein Fotoalbum für mich hergerichtet. Doch mein Blick fällt gleich auf ein großes Mannschaftsfoto aus den ausgehenden Achtzigerjahren. Jeder abgebildete Akteur hat auf dem Poster unterschrieben.

Wie hast du deinen Weg auf die Hohe Warte gefunden?
Ich bin in Döbling aufgewachsen. Meine Eltern haben das Hotel am Kahlenberg betrieben. Als 1964 das Europacupfinale in Wien stattfand, war die Delegation von Real Madrid bei uns zu Gast. Das war damals für mich der Impuls, selbst ein Fußballspiel anzuschauen. Mein erstes Spiel war dann ein Ländermatch, Österreich gegen die Niederlande, weil die holländische Delegation bei uns gewohnt hat. Zur Vienna bin ich viel später gekommen, so 1974. Eine überaus gute Entscheidung, weil ich meinen späteren Mann auf der Hohen Warte kennengelernt habe. Im Vergleich zum Ländermatch und auch zu den Spielen, die ich im Fernsehen gesehen hatte, war es bei meinem ersten Besuch erschütternd, wie wenig auf der Hohen Warte los war. Ich war damals Anfang zwanzig und die Besucher, fast nur Männer, waren Anfang sechzig oder noch älter. Es gab keine richtige Stimmung.

Wie hat sich das bei der Vienna entwickelt, dass Fans auswärts mitgefahren sind?
So um 1978 sind mein Mann und ich mit Austria Wien im Europacup nach Dresden mitgefahren. Ich habe mir dann gedacht, sowas müssten wir doch bei der Vienna auch auf die Beine stellen können! Ich habe mit anderen Fans gesprochen und wir haben es versucht. Damals habe ich beim Österreichischen Verkehrsbüro gearbeitet und habe, um einen möglichst guten Preis für den Bus zu bekommen, mit meinem Arbeitgeber gefeilscht. Ich habe mit zwanzig Teilnehmern und Teilnehmerinnen spekuliert. Gemeinsam mit einem Bekannten habe ich versucht, Interessenten zu finden. Die erste Fahrt ging 1980 oder 1981 nach Klagenfurt. Wir hatten dann aber nur 18 Leute – ältere und jüngere Erwachsene und Kinder – zusammengebracht. Ich bestand auf einem kulturellen Begleitprogramm, erst danach sind wir zum Spiel. Heinz Havelka,

langjähriger Vienna-Präsident, hatte für uns Freikarten besorgt. Er hat die Karten aus seiner eigenen Tasche bezahlt. Sonst gab es vom Verein aber keine Unterstützung, eher das Gegenteil. Gewisse Leute im Verein haben sich über uns lustig gemacht. Mir war das egal und wir haben uns weiter alles selber organisiert. Die zweite Fahrt ging dann nach Linz. Für mich war wichtig, dass unsere Auswärtsfahrten einen gewissen Stil hatten. Leider waren die Linzer Fans sehr unangenehm und sind auf unseren Bus losgegangen, obwohl wir uns alle ruhig verhalten haben. Das war furchtbar.

Bei den Reisen hatten wir einen Buschauffeur, selber Vienna-Anhänger, der hat auf seine Gage verzichtet. Das muss man sich vorstellen! Irgendwann ist dann Innsbruck angestanden. Da habe ich dann einfach ein Preisschnapsen auf der Hohen Warte organisiert, damit wir den Bus billiger machen können. Wenn ich gemerkt habe, wir bekommen den Bus nicht voll, habe ich einfach eine Nachwuchsmannschaft eingeladen. Mit der Zeit kannte ich ja alle Eltern aus dem Vienna-Nachwuchs. Und wenn der Nachwuchs etwas gebraucht hat, dann habe ich versucht, es zu organisieren. Wenn neue Trainingsjacken benötigt wurden, haben wir ein Preisschnapsen veranstaltet. Um solche Dinge hat sich im Verein niemand gekümmert.

So lange ich das Geld aufstellen konnte und die Leute mitgefahren sind, hat es gut funktioniert. Ich musste den Bus ja vorher bezahlen. Einmal nach Eisenstadt hatten wir sogar zwei Busse. Da hat die Reise mit Eintrittskarte, die wir uns selber zahlen mussten, 100 Schilling gekostet. Wir haben die Fahrten rund vier Jahre lang gemacht, dann habe ich die Sache an die damalige Vereinssekretärin Frau Prager übergeben. Manchmal war das Verhalten einiger Vienna-Fans im Bus grenzwertig und Ingrid konnte als Repräsentantin des Vereins mit diesen Dingen natürlich anders umgehen.

Es gibt viele schöne Anekdoten. Beim GAK in Graz gab es neben dem Stadion einen Fan-Treff, ein Stüberl. Dort habe ich zum Beispiel Brötchen für unsere Fans vorbereitet und dazu gab es einen guten Schilcher.

Überhaupt war die Vienna wenig organisiert. So habe ich dann auch die Fanpost für die Spieler übernommen. Der Verein hat sich um die vielen Briefe der Kinder einfach nicht gekümmert. Ich habe die damalige Sekretärin gefragt, was den Kindern geschickt wird. Na nix, war die Antwort. Also habe ich mich um Mannschaftsfotos und Autogrammkarten gekümmert und habe die Fanpost beantwortet. Fotos und Autogrammkarten gab es bei der Vienna damals nicht und ich habe sie auf eigene Kosten anfertigen lassen. Von der Vienna kam da keine Unterstützung, außer der Idee, die Sachen zu verkaufen. Aber da habe ich gleich widersprochen. Soweit kommt's noch, von den Kindern Geld zu verlangen. Vom Verein habe ich teilweise nicht einmal Briefmarken bekommen.

Kurt Russ, damals Nationalspieler, hat natürlich die meisten Briefe bekommen. Er wusste nicht, was er tun soll. Ich habe mit ihm zusammen einen Fragebogen mit Foto und den wichtigsten Informationen zusammengestellt. Er hat dann noch ein paar liebe Worte dazu geschrieben und unterschrieben. Ich habe mich um den Versand gekümmert. Heute noch habe ich mit jemandem Kontakt, der damals als Zwölfjähriger aus der Steiermark an die Vienna geschrieben hat. Wir haben uns viele Jahre später auf der Hohen Warte persönlich kennengelernt. Später gab es eine gewisse Unterstützung von Präsident Walter Nettig, einem Fotohändler. Da gab es endlich richtige Autogrammkarten. Aber ein Bewusstsein gab es im Verein noch nicht. Einmal haben sie Fotos von den Spielern mit Rollkragenpullovern unter den Trainingsanzügen gemacht. Das war zum Genieren. Ich habe es gerne gemacht und vor allem haben mich die Rückmeldungen von den Kindern sehr gefreut.

Hattet ihr Probleme mit anderen Fans?
Eigentlich nicht, eher mit den Ordnern *(lacht)*. Etwa in Innsbruck, wo die Nachwuchsspieler der U12 und ihre Familien mit waren. Dort haben die heimischen jungen Fans bei jedem Tor der eigenen Mannschaft Papierschnipsel hochgeworfen. Das wollten unsere jungen Fans bei unseren Toren auch machen. Von Wien bis Innsbruck haben die Kinder also alte Tageszeitungen zu Papierschnipseln verarbeitet. Wir kommen also mit unseren Sackerln zum Stadioneingang. Von einem Ordner wird uns gesagt, die Kinder dürfen die Schnipsel nicht mitnehmen. Ich habe mir gleich die zuständige Person geschnappt und verhandelt. Diese verlangte 100 Schilling Schmutzzulage und ich habe bezahlt. Es wäre ja nur für den Fall, dass die Vienna ein Tor erzielt und wirklich machen wir ein Tor. Die Kinder freuen sich und werfen ihre Papierschnipsel. Plötzlich stürmt ein Ordner auf uns zu und packt eines der Kinder am Genick. Ich bin gleich dazwischen und habe gesagt: „Stop, der Herr

Soundso hat es uns erlaubt und ich habe dafür 100 Schilling bezahlt. Hände weg!" Das hat dann auch funktioniert.

Wo war dein Platz bei den Heimspielen?
Am Anfang bin ich links von der Tribüne gesessen und wie es dann das VIP-Abo gab, haben mein Mann und ich uns zwei Abos gekauft. Das hat für mich den Vorteil gehabt, dass ich näher an den Spielern dran war. Die sind dann nach dem Match in den VIP-Klub gekommen und ich habe mir die Autogramme für die Fanpost geholt.

An welche speziellen Reisen mit der Vienna erinnerst du dich gerne?
Ganz speziell waren die Reisen im Europacup, etwa die erste nach Ikast in Dänemark. Da gab es ein Reiseangebot für Fans, organisiert vom Österreichischen Verkehrsbüro. Da waren Spieler und Fans in unterschiedlichen Hotels untergebracht. Weil der Veranstalter mich natürlich durch die Arbeit kannte, haben sie nur einen Reiseleiter für das Spielerhotel mitgeschickt und den Rest habe ich übernommen. Meine einzige Bedingung war, dass mein Mann und ich nix für die Reise zahlen. Zu dem Spiel ist ein Vienna-Fan mit seinen beiden Söhnen sogar mit dem Auto angereist. Die habe ich gleich zu meinem Begleitprogramm mitgenommen. Zuerst Stadtrundfahrt und dann Besuch eines Bergwerks.

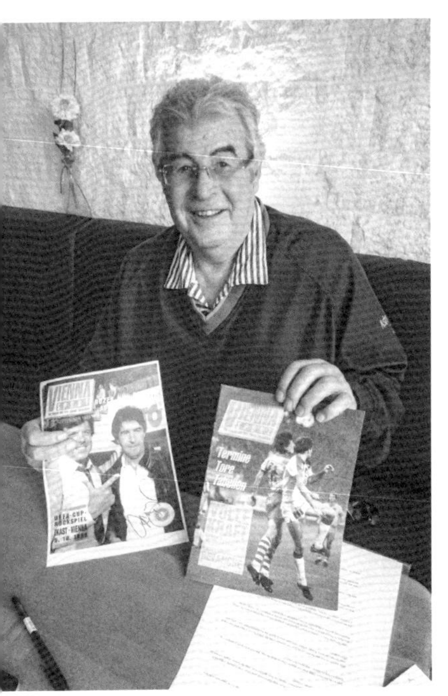

Erfolgstrainer Ernst Dokupil, Ebreichsdorf 2016.

Wie groß war eure Reisegruppe in Dänemark?
Wir waren so vierzig Fans, die mit der Mannschaft im gleichen Flieger unterwegs waren. Das Spiel selbst war sehr knapp und spannend. Zwar haben wir 1:2 verloren, aber durch unseren 1:0 Sieg zu Hause sind wir aufgestiegen. Nach dem Abendessen haben einige Spieler sowie mein

Mann und ich noch ein Lokal gesucht. Es war schon recht spät und die Auswahl war nicht groß. Endlich haben wir dann eins gefunden. Die haben uns erkannt und waren natürlich angefressen, weil Ikast ausgeschieden war. Obwohl das Lokal brechend voll war, wollte man uns mit Hinweis auf die Sperrstunde abwimmeln. Da saß aber ein Offizieller von Ikast an der Bar und erkannte mich. Als die Dänen in Wien zu Gast waren, hatten sie nämlich im Hotel Astoria gewohnt, wo ich arbeitete. Die Vienna hatte sehr gute Konditionen für die Unterbringung der Dänen bekommen und die Gäste waren mit dem Hotel sehr zufrieden gewesen. Dieser Funktionär kannte mich also noch von Wien und hat uns ermöglicht, im Lokal zu bleiben. Sonst wären wir rausgeflogen. Es wurde noch ein lustiger Abend.

Da habt ihr auch ein sehr gutes Verhältnis zu den Spielern gehabt?
Ja absolut, manche haben fast schon zur Familie gehört. Nach dem Wiener Hallenturnier etwa haben wir die Mannschaft immer zum Essen eingeladen. Ich habe gespürt, dass die Spieler wenig Wertschätzung vom Verein erfahren. Sie haben ihr Geld bekommen und aus. Bei unseren Zusammenkünften sind auch viele schöne Privatfotos entstanden, zum Beispiel mit Mario Kempes. Zum Mario gibt es auch eine schöne Geschichte. Ein Bekannter von mir, ein Vienna-Fan, hat damals im Kartenbüro der Staatsoper gearbeitet. Er hat mich gefragt, ob Mario und seine Ehefrau in die Oper gehen wollten. Er könne kostenlose Regiekarten besorgen. Ich habe den Kontakt hergestellt und Mario und seine Ehefrau sind ins Ballett gegangen. Sie haben die Karten direkt bei meinem Bekannten an der Kassa abgeholt. Der hat sich gefreut wie ein Schneekönig und die Kempes waren auch begeistert. Natürlich hatte der Mario eine unterschriebene Autogrammkarte mitgenommen. Er konnte nicht fassen, dass sich Fans so eine liebe Idee einfallen lassen. Lustig war in diesem Zusammenhang der Herr Schulz, Marios Manager. Er bekam Wind von der Sache und hat mich angesprochen, wie ich mich erdreisten könne, eine Autogrammstunde für den Mario in der Oper zu arrangieren. Ich war ganz perplex und habe dann erklärt, dass es sich nicht um eine Autogrammstunde gehandelt habe, sondern um ein Geschenk von einem Fan, der den Mario bewundert.

Den Vereinsoffiziellen hat diese Nähe der Fans zu den Spielern nicht gefallen. Man kann sich das gar nicht vorstellen, aber wo sich jetzt der VIP-Klub befindet, war früher die Wohnung von unserem Platzwart. Das war das inoffizielle Kommunikationszentrum der Vienna. Da haben sich alle getroffen und die Stimmung war viel besser als im VIP-Klub. Unserem damaligen Trainer Hlozek hat diese Situation überhaupt nicht gepasst. Er hat kontrolliert, ob die Spieler bei uns Alkohol trinken, und der Mario hat vor dem Spiel immer einen Kaffee mit Cognac getrunken. Wir haben aufgepasst, wann der Hlozek kommt. Dann haben wir schnell die Tassen vertauscht, weil der Trainer an den Tassen gerochen hat. Mario ist nie erwischt worden.

Heute kann man sich gar nicht vorstellen, dass Spieler und Fans gemeinsam zum Heurigen gehen. Zu unserer Zeit war das normal. Damals waren die Spieler noch Haberer. Zum Beispiel unser Libero der Jiří Ondra, der auch sehr lustig sein konnte. Wenn wir verloren hatten, hat er immer gesagt: „Eins, zwei oder X, wieder nix!" Einmal wollte der Verein ihn durch Heribert Weber ersetzen. Wir hatten davon erfahren und fürs Spiel ein Transparent mit folgendem Spruch vorbereitet: „Wir brauchen keinen Heribert Weber, wir haben einen Jiří Ondra." Wir haben das Transparent vor Spielbeginn ausgerollt. Der Jiří ist beim Aufwärmen hergelaufen und hat gesagt, wir sollen es wegtun. „Das gibt Zirkus", waren seine Worte. Das Präsidium hat natürlich getobt. Nach dem Spiel waren wir Fans dann mit Jiří im Schweizerhaus. Dort konnte man merken, dass er sich über das Transparent sehr gefreut hat. Natürlich stand unsere Aktion in der Zeitung und Jiří ist geblieben.

Die schönste Zeit war unter Ernst Dokupil, der ein Händchen für die jungen Spieler hatte. Da war die Vienna ein Sprungbrett für junge Spieler. Ein besonderer war für mich der „Sali", Christian Salaba, der 2017 leider verstorben ist. Nachdem mein Mann gestorben war, war er für mich da und ist mit mir auf die Hohe Warte gegangen. Den „Sali" kannte ich schon als Nachwuchsspieler. Er hat dann den Sprung in die erste Mannschaft geschafft.

Wart ihr damals im zweiten Europacupjahr auch mit der Vienna unterwegs?
Selbstverständlich, zuerst auf Malta. Dort hatten die Fans ein besseres Hotel als die Mannschaft. Die Malteser haben die Spieler an einer stark frequentierten Straßenkreuzung einquartiert. Wir haben dann von den Journalisten erfahren, dass die Mannschaft noch in

derselben Nacht aus dem Hotel ausgezogen ist. Aus Malta gibt es auch eine typische Anekdote: Wir sind am Abend zum Abschlusstraining der Vienna gegangen und plötzlich haben die Malteser das Flutlicht abgedreht. Präsident Havelka musste in die eigene Tasche greifen, damit die Malteser wieder das Licht anschalten, obwohl die Gastgeber verpflichtet waren, adäquate Trainingsmöglichkeiten sicher zu stellen. Er hat bezahlt, damit weiter trainiert werden konnte, aber sich das Geld gleich vom maltesischen Verband zurückgeholt.

Das Spiel gegen Olympiakos in Athen war auch sehr spannend. Wir waren ja Außenseiter und hatten zu Hause unentschieden gespielt. In Athen hat die Mannschaft dann ein 0:0 gehalten, leider ist uns kein Tor gelungen. Nach dem Schlusspfiff haben die griechischen Fans unsere Mannschaft gefeiert und uns Fans applaudiert. Dann sind plötzlich Orangen und Zitronen von den Rängen geflogen. Unsere Spieler haben sich zuerst nicht ausgekannt, aber es galt den griechischen Spielern. Die Heimfans waren angefressen auf ihre Startruppe. Die Polizei ist aufmarschiert, weil sie anscheinend die Befürchtung hatte, dass wir Vienna-Fans attackiert werden. Mein Mann hat sich an der Polizei vorbeigeschummelt und ist zu den Athener Fans hin. Die waren begeistert und haben ihm gratuliert. Die Polizisten sind panisch geworden und wollten schon

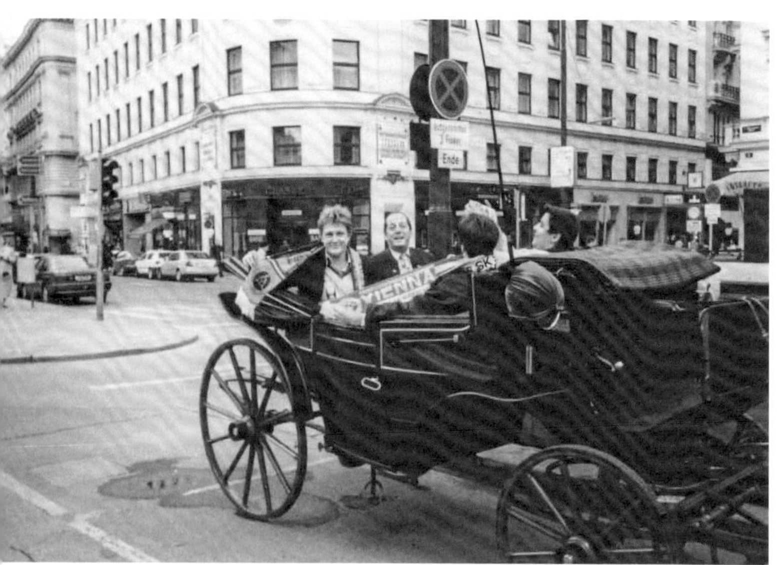

1997: Mit dem Fiaker zum Cupfinale ins Praterstadion.

dazwischenhauen. Ich habe dann die Polizisten angesprochen und gesagt: „Merken Sie nicht, dass wir miteinander lachen und überhaupt keine Gefahr besteht?“ Die Stimmung war absolut positiv. Trotz Ausscheidens haben wir mit den Griechen gefeiert, Angst hat uns nur die Polizei gemacht. Die beiden Jahre im Europacup waren für mich die Highlights.

Gab es noch andere spezielle Spiele?
Sehr gerne denke ich auch an das Cupfinale 1997. Da hatten wir die Idee, mit Fiakern zum Praterstadion zu fahren. Ich habe das organisiert. Den Tag vor dem Spiel haben wir die Kutschen blau-gelb geschmückt. Schlussendlich sind wir mit sieben Fiakern von der Innenstadt zum Ernst-Happel-Stadion gefahren. Ursprünglich sollten auch die Spielerfrauen bei uns mitfahren. Den Verein haben solche Aktionen nicht interessiert. Leider war das Wetter nicht optimal, aber wir konnten offen fahren. Ich habe mir das Trikot vom Jiří Ondra angezogen und dazu gelbe Schuhe gekauft. Auf der Fahrt ins Stadion haben sich die Leute über die blau-gelb aufgeputzten Fiaker gewundert, aber trotzdem viele Fotos gemacht. Es war herrlich. Unmittelbar vor dem Stadion hat sich plötzlich ein Rolls-Royce vor uns eingebremst. Die Tür geht auf und Hannes Kartnig, der damalige Präsident unseres Gegners Sturm Graz, springt heraus. Er ist zu uns gekommen und hat gesagt: „Wenn ich gewusst hätte, dass ihr mit dem Fiaker kommt, hätte ich den Royce stehen gelassen. Mit euch wäre ich gerne im Fiaker gefahren.“ Leider haben wir dann das Cupfinale verloren.

Wie siehst du die derzeitige Entwicklung des Vereins?
Seit ich in Pension bin und leider mein Mann gestorben ist, gehe ich nicht mehr so oft auf die Hohe Warte. Deshalb bin ich jetzt nicht mehr so nah am Verein dran. Aber der Einstieg des neuen Hauptsponsors UNIQA hat mich sehr gefreut. Endlich ein seriöser Partner für den Verein. Der Verein macht so schwierige Zeiten durch und braucht gerade jetzt Stabilität und eine professionelle Führung.

(Interview 13. September 2017)

Ich treffe Michael in seiner schönen Wohnung, gleich in der Nähe eines bekannten Wiener Theaters. Auf dem Tisch hat er Leiberl, Wimpel, Zeitschriften, Nadel und Spielprogramme ausgebreitet. Nur ein kleiner Teil der Schätze, die er zur Vienna gesammelt hat.

Wie bist du zur Vienna gekommen?
Ich habe nie selbst vereinsmäßig Fußball gespielt. Mein erstes Spiel als Zuschauer war Austria Wien gegen Real Madrid im Europacup 1983. Ich war natürlich von der ganzen Atmosphäre gefesselt. Schon damals hatte ich mehr Interesse an dem, was sich abseits des Rasens bei den Fans abgespielt hat. Ab dem Zeitpunkt habe ich meinen Vater immer wieder sekkiert, mich auf den Fußballplatz mitzunehmen. Mein Vater war eigentlich kein Fußballfan, er hat aber zur Vienna gehalten, auch weil wir in Währing wohnten. Schließlich hat er mich auf die Hohe Warte mitgenommen. Das erste Spiel war gegen Simmering, damals in der 16er-Liga vor nur knapp 1.000 Besuchern. Aber da war es um mich geschehen. Da gehe ich weiter hin, habe ich mir gedacht. Von Anfang an hatte ich eine Leidenschaft für den britischen Fußball. Ich weiß nicht, woher das kam, aber damit war die Vienna mit ihrem Namen natürlich ideal. Mein Großvater war auch ein Vienna-Anhänger und so ist mir anscheinend die blau-gelbe Leidenschaft in die Wiege gelegt worden.

Wo bist du am Anfang im Stadion gestanden?
Mein erstes Spiel habe ich unter der gedeckten Tribüne erlebt. Im weiteren Verlauf bin ich dann immer auf der Arenaseite gestanden, auch weil es günstiger war. Damals hat die Kinderkarte dort zehn Schilling gekostet, während die Tribünenseite viel teurer war. Manchmal konnte ich einen Schulfreund überreden, mit mir die Heimspiele zu besuchen, sonst bin ich halt allein zu den Spielen gegangen. Bis zu einem Auswärtsspiel gegen den Wiener Sport-Club. Da bin ich auf der Friedhofstribüne gestanden, wo ich plötzlich einen Jugendlichen mit einem Jeansgilet, also einer Kutte, gesehen habe. Als Aufnäher hatte er einen Vienna-Wimpel und einen selbstgestrickten, langen, blau-gelben Schal um die Hüften. Ich war total überrascht, weil es zum damaligen Zeitpunkt keine Fanartikel von der Vienna gab. Ich habe ihn dann angesprochen. Das war

der E. Eine Woche später haben wir uns beim Bahnhof Heiligenstadt getroffen. Ich war damals fünfzehn und ein sogenannter Popper. Ich stehe also in Heiligenstadt und warte auf E. Es war schon ein bisserl später. Da sehe ich so 30 Meter von mir entfernt eine Gruppe Skinheads stehen. Ich bin schon unsicher geworden, da löst sich plötzlich einer mit Bomberjacke und Doc Martens aus der Gruppe und kommt auf mich zu. Ich rechne mit dem Schlimmsten, da erkenne ich, es ist der E.! In der Folge hat sich um uns beide eine Gruppe auf der Hohen Warte gebildet. Wir waren rund zehn Leute. Wir haben dann die ersten Auswärtsfahrten miteinander bestritten und versucht, Stimmung zu machen.

Weil es damals keine Fanartikel von der Vienna gab, sind wir zu Viktoria Wimpel auf die Gumpendorfer Straße gefahren und haben uns mit Hauben und Schals von englischen Vereinen wie Leeds United und Wimbledon, die als Farben Blau-Gelb hatten, ausgestattet. Ein Freund und ich haben uns auch Jeansgilets gemacht. Zusammen mit E. waren wir dann drei Kuttenträger auf der Hohen Warte. Bei der Vienna hat dann Karin Auswärtsfahrten nach Klagenfurt, Graz und Linz organisiert, da sind wir auch mitgefahren. So hat sich das entwickelt, noch vor der Zeit der Döblinger Kojoten. Einen wirklichen Fanklubnamen hatten wir eigentlich nicht gehabt. Nach unseren Vorbildern in England haben wir versucht, Stimmung zu machen. Vor uns gab es die Yellow Submarines auf der Hohen Warte. Die waren eine Motorradgang und hatten das Yellow Submarine von den Beatles als Rückenaufnäher. Im Bestfall so rund 30 bis 40 Mann. Die haben sich auch manchmal Auseinandersetzungen mit Austria- und Rapid-Fans geliefert. Das muss so Anfang der 1980er Jahre gewesen sein, ich habe sie aber nur noch in der Endphase kennengelernt.

Ende der 1980er Jahre, als die Vienna erfolgreich war und mit den Kleinen Pommes die späteren Döblinger Kojoten aufgetreten sind, bin ich dann nicht mehr regelmäßig auf die Hohe Warte gegangen. Da hatten sich bei mir die Prioritäten verändert. Ich habe damals die Abendschule besucht und war zeitlich sehr eingedeckt.

1995 hat die Vienna dann sämtliche ehemalige Mitglieder angeschrieben. E. und ich sind daraufhin zu dem Treffen gegangen. Der Verein hat versucht, mehr Vienna-Anhänger auf die Hohe Warte zu locken, aber die Verantwortlichen hatten keine Ahnung, was die jungen Fans interessiert. So haben E. und ich die Fanartikelproduktion für den Verein übernommen. In der Folge haben wir dann erstmalig die Kojoten und andere jugendliche Fans wahrgenommen. Das war recht lustig, weil die Kojoten am Anfang nicht wussten, wie sie mit uns umgehen sollen und umgekehrt. Wir haben uns langsam aneinander gewöhnt. Wir haben gemeinsam die Auswärtsfahrten organisiert. Seit 1995 gehe ich wieder regelmäßig auf die Hohe Warte und bin auch auswärts dabei.

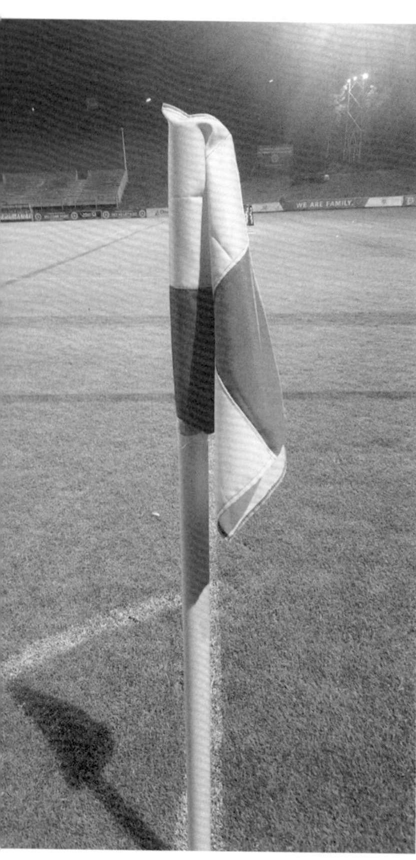

Vienna im (Corner-)Eck des Fußballs. Noch nie war man so weit unten wie heute in der 5. Liga.

Ihr habt also für den Verein den ersten Fanshop gemacht?
Ja, genau. Zuerst haben wir eine Bestandsaufnahme gemacht, was vorhanden war. Es gab ein paar Aufkleber, ein paar Vereinsnadeln sowie einige Schals und Kappen. Mehr nicht. Wir haben einfach einen kleinen Tisch genommen, alle vorhandenen Sachen aufgelegt und versucht, das Material zu verkaufen. Danach haben wir selbst Artikel produzieren lassen. Unsere Gewinne flossen direkt in die Nachwuchsförderung. Aus den ersten Geldern haben wir zwei Medizinkoffer angeschafft.

In einer Saison hat die Vienna dann für den Hauptsponsor das Vereinslogo verändert. Da haben wir gleich klargestellt, dass dieses neue Logo auf unsere Produkte nicht kommt. Das hat der Verein auch akzeptiert. Wir haben dann eine kleine Hütte bekommen, die von den Fans liebevoll „Klein-Lillehammer“ genannt wurde, um dort die Produkte zu verkaufen. Auch haben wir versucht, das kreative Potenzial der Vienna-Fans zu nutzen. So hat sich Tommy bei der Produktion der T-Shirts eingebracht. Unseren ersten Schal hat E. entworfen und ich habe ihn in Deutschland produzieren lassen. Weil sich die Produktion verzögerte, bin ich zum Produzenten nach München gefahren, habe mein ganzes Auto mit Schals vollgepackt. So bin ich dann mit zittrigen Händen zur Grenze gefahren und habe mir überlegt, wie ich den Zöllnern die vielen Fanschals erkläre. Es ist aber alles gut gegangen und ich konnte durchfahren. So bin ich mit hundert Vienna-Schals angekommen und beim nächsten Heimspiel gegen Austria Lustenau haben wir dann gleich die ganze Charge verkauft. Noch am selben Abend habe ich wieder hundert Schals bestellt. So sind wir gestartet. E. und ich haben das dann so lange gemacht, wie es für uns mit dem Beruf vereinbar war. Unsere Inspiration haben wir uns vornehmlich aus dem englischen Fußball geholt, auch was die Fangesänge betraf. Englische Gesänge waren uns wichtig, weil wir uns damit abheben konnten von dem, was sonst in Österreich auf den Plätzen passiert ist.

Du warst ja auch dabei, wie sich der Vienna-Fanblock gebildet hat?
Ja, damals war der Fanblock auf dem Naturhang und hat sich dort zusammengefunden, wo sich heute das Fernsehhäuschen befindet. Da hat sich aus uns, der sogenannten Old Firm, den alten Hasen sowie den Döblinger Kojoten der erste kleine Fanblock gebildet. Später wurde die Naturarenaseite baupolizeilich gesperrt und wir mussten auf die Tribüne wechseln. Wir dachten, es wäre nur für eine gewisse Zeit. Letztendlich sind wir aber auf der Tribüne geblieben.

Wie hat man auswärts auf euch reagiert?
Ich kann mich noch gut an ein Auswärtsspiel beim FavAC erinnern. In unserer Euphorie sind wir mit der U1 nach Favoriten gefahren und haben dort begonnen zu singen. Am Reumannplatz haben uns schon zwei Polizisten in Empfang genommen und gleich gesagt: „Ihr Rotzbuam brauchts da ned singen! Was hobts in die Sackeln? Da legst die Fahnen gleich aufn Boden, aber gschwind!“ Das hat gleich gereicht, um unseren jugendlichen Übermut im Keim zu ersticken *(lacht)*. Ansonsten, da wir am Anfang relativ wenige waren, sind wir nicht aufgefallen. Probleme hat es eigentlich nicht gegeben, auch auswärts hat sich die Gefahr in Grenzen gehalten. Außer einmal in Linz, da haben uns die Heimfans aufgelauert.

Wie hat eigentlich dein Umfeld reagiert, als du gesagt hast, du bist Vienna-Fan?
In meiner Schule gab es eigentlich nur Austria- oder Rapid-Fans. Ich, als Vienna-Anhänger, bin in Ruhe gelassen worden. In meinem ganzen Gymnasium gab es sonst nur einen weiteren Vienna-Fan. Damals im Turnunterricht sind die Ersten mit ihren Lieblings-Fußballtrikots aufgelaufen, entweder von Austria oder Rapid. Natürlich wollte ich auch ein Vienna-Leiberl haben und zu Weihnachten 1984 habe ich von meiner Mutter einen Originaldress bekommen. Ein glänzendes Pumatrikot Langarm mit Sponsor Portas auf der Brust. Das Leiberl war mir als 14-jährigem natürlich zu groß. Aber trotzdem habe ich es voller Stolz im Turnunterricht getragen. Als Vienna-Fan war man damals eine sogenannte geschützte Tierart. Nur am Praterstern hatte ich manchmal ein ungutes Gefühl, wenn ich dort mit meinem Vienna-Jeansgilet vorbeigekommen bin. Das war für mich als 14-Jähriger eine Mutprobe, denn am Praterstern sind öfters die Austrianer auf die Rapidler getroffen und es kam immer wieder zu Schlägereien. Aber auch dort bin ich maximal belächelt worden.

An welche besonderen Spiele mit der Vienna denkst du gerne zurück?
Ein Spiel, welches mir immer in Erinnerung bleiben wird, ist eine Partie gegen Vorwärts Steyr. Wir waren zur Pause 5:0 vorne. Dann hat es in der zweiten Hälfte stark zu regnen begonnen und letztlich haben wir die Partie ganz knapp mit 5:4 gewonnen. Wenn das Spiel zehn Minuten länger gedauert hätte, dann wäre es wahrscheinlich 5:6 für Steyr ausgegangen. Dann natürlich das 10:0 gegen Flavia Solva und unser Finale um den Europacup gegen die Admira. Da ging es in der letzten Meisterschaftsrunde im direkten Duell um den internationalen Startplatz. Wir mussten zu Hause gewinnen, während den Gästen ein Punkt gereicht hätte. Die Begegnung war unter der Woche und ich konnte leider nicht dabei sein. Da bin ich vor dem Radio gesessen und habe mitgefiebert. Natürlich auch die Spiele gegen den Wiener Sport-Club, Mitte der 1980er Jahre. Bei uns hat Weltmeister Mario Kempes gespielt und Hans Krankl beim Wiener Sport-Club. Eine Freitagabendpartie vor offiziell 11.500 Zuschauern, aber da waren sicher 14.000 auf der Hohen Warte. Hunderte sind über die Zäune geklettert und haben sich so das Eintrittsgeld gespart. So voll habe ich die Hohe Warte noch nie gesehen und wir haben auch noch 1:0 gewonnen. Am selben

Wochenende war das große Derby zwischen Rapid und Austria und viel mehr Zuschauer hatten die auch nicht. Besondere Spiele aus jüngerer Zeit waren immer die kleinen Derbys oder das Cupspiel 2006 gegen Rapid, wie wir die Grün-Weißen im Elfmeterschießen rausgeschmissen haben.

Derby ist ein gutes Stichwort, wie siehst du das „Derby of Love"?
Ein Derby ist für mich immer etwas Spezielles. Der Begriff „Derby of Love", das geht für mich nicht. Ich muss mit den Wiener Sport-Club-Fans nicht kuscheln. Ich glaube auch, der Begriff kam eigentlich nicht von den Fans sondern war eine Erfindung der Medien und wurde zum Selbstläufer. Die einzigartige und positive Stimmung der beiden Fangruppen finde ich klasse. Nicht den Gegner anpöbeln, sondern die eigene Mannschaft unterstützen, das taugt mir. Damit kann ich mich identifizieren.

Hat das auch damit zu tun, dass du fußballerisch sozialisiert wurdest, als der WSC für die Vienna ein schärferer sportlicher Rivale war als heute?
Vielleicht. Man darf nicht vergessen: Das Derby von heute kann man mit früher nicht vergleichen. Den Zuschauerboom, wie wir ihn aktuell erleben, gibt es noch nicht so lange. Auch weil man davor eine gewisse Zeit lang nicht gegeneinander gespielt hatte. Erst als wir abgestiegen sind, hat man sich wieder getroffen. Davor hatte es nicht diesen großen Stellenwert. Es hat sicher auch damit zu tun, dass die Fankulturen einander ähnlich sind. Das kleine Wiener Derby unterscheidet sich halt stark vom großen. Unser Derby zieht halt auch viele neutrale Besucher an. Wenn die Atmosphäre nicht so gut wäre, würden die Leute nicht jedesmal kommen.

Was ist das Spezielle an der Vienna-Fankultur?
Auf alle Fälle die positive Unterstützung durch die Fans. Der Gegner wird nicht niedergemacht, sondern die eigene Mannschaft bestmöglich unterstützt. Auch die Zusammensetzung des Fanblocks ist ganz speziell. Im normalen Leben würden viele dieser Leute gar nicht zusammenkommen. Ich kann jetzt nur für mich sprechen, aber diese unterschiedlichen Kontakte haben mich offener gemacht. Die Fans der Vienna haben meinen Horizont erweitert. Ich denke, so geht es auch anderen.

Wie siehst du den relativ neuen Fandachverband, die First Vienna Football Club Supporters?
Die Idee finde ich sehr gut. Im Verein sind die Fans so lange gerne gesehen, bis sie etwas einfordern. Als Einzelperson oder auch als einzelner Fanklub hat man ja gar keine Chance. Bis vor kurzer Zeit hatten die Vienna-Fans im Verein selbst keine Stimme. Ich denke aber, der Fandachverband, der die blau-gelbe Fangemeinde in ihrer Breite abdeckt, kann dem Verein gegenüber anders auftreten. In Zukunft wäre es schön, einen Fanvertreter in den Vorstand zu bringen. Die wenigsten Präsidiumsmitglieder wissen überhaupt über Fananliegen Bescheid. Uns als Fans geht es ja darum, dass die Werte, für die die Vienna steht, nicht zerstört werden. Gleichzeitig ist es wichtig, den Vereinsverantwortlichen auf die Finger zu schauen, gerade bei unserer derzeitigen leidvollen Gegenwart. Vielleicht kann man so gewisse kommerzielle Auswüchse aufhalten. Daher finde ich die Idee des Fandachverbandes wichtig. Ich hoffe, die Sache schläft nicht irgendwann ein, denn es steht und fällt immer mit den Personen, die sich engagieren.

Du verfügst wahrscheinlich über die größte Vienna-Sammlung überhaupt. Wie hat deine Sammelleidenschaft eigentlich begonnen?
Ich weiß nicht, ob es die größte ist, aber bei mir ging das schon als Kind los. Da gab es bei den Heimspielen noch Spielprogramme, die ich gleich gesammelt habe. Parallel dazu habe ich die relevanten Zeitungsausschnitte aufgehoben und in ein Album eingeklebt. Natürlich habe ich mich auch nach blau-gelben Fanartikeln umgeschaut. Ich bin da immer mehr eingetaucht, habe begonnen, Spielprogramme zur Vienna aus dem Ausland zu sammeln und natürlich die Vienna-Nadeln, Vereinsabzeichen und Wimpel. Jetzt bin ich halt so weit, dass ich ein kleines Archiv zur Vienna habe. Aber ich horte die Dinge ja nicht nur für mich. Wenn Leute etwas brauchen, sei es für Ausstellungen oder die Recherche zu Artikeln oder Büchern, dann versuche ich behilflich zu sein. Es freut mich sehr zu helfen. Natürlich macht es mich auch stolz, wenn meine Stücke ausgestellt werden und dann bei anderen Erinnerungen wecken. Da sind schon viele tolle Gespräche und Kontakte entstanden. Ein Sammler hat halt seinen eigenen Tick, viele würden sagen, der spinnt. Bis zu einem gewissen Grad haben diese Leute vielleicht sogar recht. Mir macht es einfach sehr viel Spaß und ich

kann so auch einen kleinen Beitrag zur Bewahrung der Vereinsgeschichte leisten.

Ich sammle alles, ob Fußballdressen, Nadeln, Spielprogramme oder Wimpel. Alles, was einen Vienna-Bezug hat, macht mich glücklich. Da geht es auch nicht darum, ob mir alle Stücke gefallen. Auch ist die Sammlung für mich keine Wertanlage. Manchmal glaubt man auch gar nicht, was es alles zur Vienna gibt. Am meisten interessieren mich natürlich immer die Dinge, die ich noch nicht kenne. Deshalb weiß ich auch nicht, ob ich der größte Vienna-Sammler bin *(lacht)*.

Was würdest du dir für den Verein in der Zukunft wünschen?
Zuallererst einmal ruhigere Zeiten. Ich wünsche mir, dass Leute ans Ruder kommen, denen die Vienna wirklich am Herzen liegt. Die auch den notwendigen kaufmännischen Verstand haben und in erster Linie ans Wohl des Vereins denken. Das ist natürlich heutzutage sehr schwierig, in einer Zeit, in der für Tradition fast kein Platz mehr ist und alles nur auf den kurzfristigen sportlichen Erfolg ausgerichtet ist. Meiner Meinung nach gehört die Vienna in die zweithöchste Spielklasse. Aber bis dahin ist es noch ein weiter Weg. Jetzt muss sich der Verein erst einmal konsolidieren und weiterentwickeln. Der Erfolg muss langsam wachsen, damit er Bestand hat. Am wichtigsten ist mir, dass die Vienna blau-gelb bleibt, ihren Namen behält und weiter auf der Hohen Warte spielt. Das ist ganz wichtig. Ausländische Freunde von mir, die auf die Hohe Warte kommen, sind absolut begeistert. Die stehen teilweise mit offenem Mund da. Die Hohe Warte hat ja über die Vienna hinaus österreichische Fußballgeschichte geschrieben und muss erhalten bleiben.

(Interview 30. August 2017)

Im Nordwesten Wiens verbindet die S-Bahn Linie 45 die Fußballplätze von der Vienna, vom Wiener Sport-Club und von Rapid. Mit Edi treffe ich mich sozusagen auf neutralem Boden zwischen WSC-Platz und Hoher Warte in Gersthof. Dort in der S-Bahnstation befindet sich das kleine *Café Mocca,* in dem wir unser Gespräch führen. Zu Beginn müssen wir noch einmal den Tisch wechseln, weil neben uns lautstark ein Italienischkurs loslegt.

Wie ging es los mit deiner blau-gelben Leidenschaft?
Zwar bin ich in Döbling aufgewachsen, trotzdem war es eher Zufall, dass ich zur Vienna kam. Mein erster Kontakt mit der Hohen Warte waren die Besuche im Döblinger Bad. Vom Kinderbecken aus konnte man das geschwungene Dach der Stadiontribüne sehen. Durch die Fußballsendungen im Fernsehen konnte ich einen ersten Eindruck vom Platz bekommen. Es hat jetzt kein riesiges Interesse bei mir hervorgerufen, aber doch eine gewisse Faszination ausgeübt. Aber wenn es nicht das Döblinger Bad gegeben hätte, wäre ich wahrscheinlich nicht zur Vienna gekommen.

In der Frühjahrssaison 1988 war ich das erste Mal am Platz. Mein Bruder Martin, sein bester Freund und ich hatten beschlossen, wir schauen rauf. Vom Fleck weg war ich begeistert. Ich denke, der spezielle Grund war das Stadion selbst, diese alte, aber verwilderte Größe mit ihrer eigenen Patina. So bin ich dann mit zwölfeinhalb Jahren sozusagen picken geblieben. Mit der Zeit hat man oben auch Leute aus der eigenen Schule getroffen und langsam haben die Jüngeren zusammengefunden. Da gab es schon den Kern der späteren Döblinger Kojoten, die aber älter waren. Einige von ihnen haben auf der Meteorologie studiert. Die haben dann die Vorlesungen geschwänzt, um auf die Spiele zu gehen. Wir, die wir uns aus der Schule kannten, und andere bildeten eben diese erste Keimzelle. Da war noch keine Rede von einem Fanblock. Es gab damals auch Spiele, wo unsere Gruppe nur aus zwei Leuten bestand. Aber langsam entwickelte sich die Szene. Musik hat dabei auch eine wichtige Rolle gespielt, denn über die Musikszene sind weitere Leute zu den Kojoten gestoßen. Man kannte sich aus den einschlägigen Plattengeschäften und aus der Arena. Es sind dann auch ehemalige Nachwuchsspieler dazugekommen, die gesehen haben, dass sich hier jetzt etwas tut. So sind wir langsam gewachsen.

Was habt ihr damals auf der Hohe Warte vorgefunden?
Erst einmal war da tote Hose. Da waren vornehmlich nur Pensionisten aus der Umgebung. Die Vienna hat damals in der obersten Liga um die Teilnahme am Europacup gekämpft und musste froh sein, wenn 1.500 Zuschauer kamen! In unserer Szene, die sich langsam bildete, waren wir schon über zwanzig Leute froh. Wir standen auf der sogenannten Arenaseite am Naturhang, also gegenüber der Betontribüne. Damals hat sich der Konsens ausgebildet, was wir uns unter Fankultur vorstellen. Wenn ich da dran denke, muss ich lachen. Was heute gang und gäbe ist, haben wir damals abgelehnt! Weil es uns zu sehr wie bei Rapid war. Heute sehe ich vieles anders. Damals waren wir mitunter zu streng und dogmatisch.

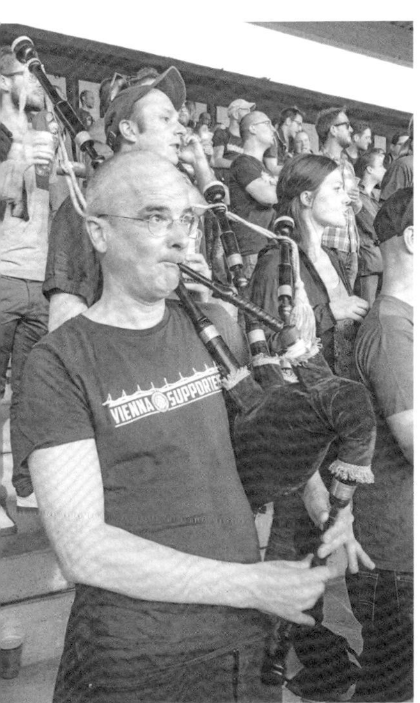

Vienna hat keinen Vorsänger, sondern einen „Vordudler": Edi stimmt die Gesänge auf der Tribüne mit dem Dudelsack an.

Wart ihr da auch schon auswärts unterwegs?
Nein, sicher nicht so regelmäßig wie später in der Regionalliga. Ab und zu sind wir nach St. Pölten gefahren. Nachdem wir 1992 in die 2. Liga abgestiegen sind, war unsere erste größere Auswärtsfahrt mit dem Zug nach Ried. Auswärts waren wir in erster Linie im Osten Österreichs unterwegs.

Wie hat man auswärts auf euch reagiert?
Eigentlich ganz gut. In Wien haben sich manche Austria- und Rapid-Anhänger provoziert gefühlt. Aber das war lächerlich, bedenkt man unsere geringe Anzahl. Bei Austria Wien hat

man uns einmal unsere Transparente abgenommen. In Hütteldorf mussten wir einmal nach einem Sieg relativ schnell schauen, zum Bahnhof zu kommen. Aber es ist nie ernsthaft etwas passiert. In den Bundesländern sind wir mit den gängigen Klischees über Wiener konfrontiert worden. Da haben aber die Heimfans relativ schnell gemerkt, dass wir positiv Verrückte sind, die auf keinerlei Streit aus sind. Dann war der Bann schnell gebrochen.

Ihr hattet ja auch von Anfang an sehr gute Beziehungen zum WSC?
Die Fanszene in Dornbach muss sehr rasch entstanden sein. Am Anfang meiner Fankarriere, im Frühjahr 1988, war ich dort bei einem Heimspiel. Da gab es ein Grüppchen von rund zehn organisierten Fans, eigentlich alles Kuttenfans. Das hatte noch gar nix mit dem alternativen Touch der heutigen Szene zu tun. 1992 organisierten wir aber schon gemeinsam mit den WSC-Anhängern das Fest *„Fußballfans gegen Rechts"* in der *Arena*. Da war ihre Fanszene schon recht groß, rund fünfzig Leute, während wir über zwanzig schon glücklich waren. Wir kannten uns ja alle von der Schule oder aus den Musiklokalen, wie dem *Chelsea*. Von Anfang an gab es da einen sehr freundschaftlichen Umgang. Es waren ja damals viel weniger als heute und jeder kannte jeden.

Die Kojoten waren ja auch kein klassischer Fanklub im herkömmlichen Sinne?
Ja, absolut. Wie der Name entstanden ist, kann ich mich gar nicht mehr erinnern. Es gab ja davor den Namen Kleine Pommes, in Anlehnung an den damaligen Vienna Hauptsponsor, eine Fast-Food-Kette. Einmal hat der Thomas laut zu bellen bzw. jaulen begonnen, wahrscheinlich als Reaktion auf das maue Spiel, und wenn ich mich nicht irre, ist dann aus dieser Aktion der Name entstanden. Aber wir waren ein relativ loser Zusammenschluss von Leuten, ohne eingetragenen Verein oder Mitgliedschaft. In guter blau-gelber Tradition sind wir von den Vereinsverantwortlichen ignoriert worden. Auch von anderen Zuschauern gab es wenig Reaktion. In den Augen der anderen waren wir halt die Verrückten, die neben dem Fernsehhausl stehen und schreien.

Wie ist eigentlich dein erster Spitzname „Regenjacken-Edi“ entstanden?
Das war eines der wenigen unangenehmen Auswärtserlebnisse beim Grazer AK in Graz. Die Vienna hat damals gewonnen und beim Verlassen des Stadions haben uns schon die ersten Heimfans provoziert. Einige von ihnen wollten sich mit uns schlagen. Wir hatten aber kein Interesse und nachdem die verbalen Pöbeleien die Grazer nicht weiterbrachten, begann das Spucken. Ich hatte damals meistens eine Regenjacke an, über die einige immer schmunzeln mussten. Aber in diesem Fall war sie ausgesprochen praktisch. Ich habe mir die Kapuze aufgesetzt und bin so gut an den Grazer „Lamas“ vorbeigekommen. So war der Name geboren. Alles nicht so spektakulär. Aber es ist im wahrsten Sinne des Wortes etwas hängen geblieben. Wenn man Vienna-Fans von damals fragt, berichten einige sicher von hunderten GAK-Fans, die Jauche gespritzt haben. Da wir in Wahrheit aber nicht viel Konfrontation gewohnt waren, haben wir uns ein bisserl ins Hemd geschissen.

Wann ging es dann für euch von der Naturseite auf die Tribüne?
Ich kann es nicht mehr genau sagen. 2001 beim Abstieg waren wir schon auf der anderen Seite. Ein Teil von den organisierten Fans ist früher rübergegangen, das war die Old Firm. Wir, die Kojoten, sind relativ stur auf der Arenaseite verblieben. Bis halt die Seite polizeilich gesperrt wurde, weil die morschen Holzbänke auseinanderfielen. Davor kann ich mich erinnern, dass tobende Rapid-Anhänger, weil sie bei uns verloren haben, aus Wut einige Bänke herausgerissen und geworfen haben. Die Arenaseite war natürlich nicht mehr bundesligatauglich. Nach der Sperre waren wir teilweise weiterhin drüben, sind dann aber endgültig gewechselt.

Gab es für dich damals besondere Spiele?
Natürlich. Eines der denkwürdigsten Spiele für mich war in der Cupsaison 1997 das Spiel im Semifinale gegen Austria Salzburg. Nach regulärer Spielzeit und Verlängerung ist es 2:2 gestanden. Das Elfmeterschießen ist schließlich durch das Tormannduell entschieden worden. Unser Tormann Henzi Weber hielt den entscheidenden Elfmeter seines Gegenübers Ilsanker und wir waren im Finale. Ich muss gestehen, an das Cupfinale im Praterstadion habe ich nicht mehr allzu viel Erinnerung. Wir haben uns damals

um 14.00 Uhr auf der Uni getroffen und ich hatte jede Menge Bier eingekauft. Auf dem Weg zum Stadion ist der dann getrunken worden. Meine Frau wundert sich heute noch, wie ich es geschafft habe, ins Stadion reinzukommen. Aber ich habe mich fünf Minuten beim Eingang zusammengerissen und schon war ich drin.

Eines meiner Lieblingsspiele war in der Saison, in der auch der Vienna-Film gedreht wurde. In die Meisterschaft sind wir schlecht gestartet, nur ein Punkt nach vier Spielen. Dann kam das Heimspiel gegen Parndorf. Das Spiel war recht ausgeglichen. Langsam hat sich die Stimmung im Block aufgebaut. Damals sind noch Bierbecher geflogen, ganz so korrekt waren wir ja gar nicht, das wird heute gerne vergessen. Da kam dann sogar die Polizei zu unserem Sektor, was die Stimmung nur noch mehr aufheizte. Knapp vor Schluss hat die Vienna dann endlich das Tor erzielt und der ganze Block ist richtiggehend explodiert! Schließlich haben wir gewonnen. Es war der Anfang einer Siegesserie, die uns noch den Herbstmeistertitel einbrachte. Damals waren wir sicher, die Vienna steigt auf. Wie man aber aus dem Film weiß, ist es dann anders gekommen. Dieser Sieg gegen Parndorf mit dieser sozusagen orgiastischen Explosion des Fanblocks wird mir immer in wunderbarer Erinnerung bleiben.

Wie ist denn dann der Dudelsack in dein Leben getreten?
Es hat sich halt so ergeben. Zu Weihnachten habe ich von meinen Eltern einmal ein Dudelsackimitat geschenkt bekommen. Diese alten Freiluftinstrumente, dieses Scharfe, Scharrende hat mir immer gut gefallen. Mit diesem Imitat konnte man nicht so wahnsinnig viel anfangen, aber ich habe mich mit der Zeit immer mehr damit beschäftigt. Es war ja nicht so leicht damals, in Wien einen Dudelsack zu bekommen. Sobald ich halbwegs spielen konnte, kam der Dudelsack mit auf den Fußballplatz. 1996 habe ich einen Kurs in Deutschland gemacht. Ab dann klang mein Gedudel nach einer Melodie. Irgendwann in der Saison 1996/97 war es dann soweit.

Viele Fangruppen haben einen Vorsänger, bei der Vienna gibt's einen Vorspieler …
Ja, aber dass ich begann, Fangesänge auf den Dudelsack zu übertragen, war dem Umstand geschuldet, dass die orangen Bänke im Fanblock abmontiert wurden. Anfangs habe ich ja ausschließlich schottische Melodien gespielt und die Leute sind dazu auf den Bän-

ken gestampft. Wie dann die Bänke weggekommen sind, musste ich mir was anderes überlegen. So hat das begonnen. Es geht nicht wahnsinnig viel, aber ein bisserl was geht. Auch spiele ich gerade dann, wenn die Stimmung ein bisserl durchhängt. Sozusagen als Antreiber für neue Fangesänge. Beim Fußball stehen für mich ja die Fangesänge im Vordergrund und nicht das Musizieren. Wenn die Leute eh schreien und die Stimmung gut ist, dann spiele ich nicht. Für mich hat der klassische Fußballsupport Vorrang.

Die Döblinger Kojoten hatten damals auch einen guten Draht zu manchen Spielern.
Teilweise, das war so zweite Hälfte der Neunzigerjahre. Nach dem Spiel waren wir oft beim *Heiligenstädter Wirt* gleich auf der Heiligenstädterstraße. Da sind ab und an auch die Spieler vorbeigekommen. Ein damaliger Spieler, der später in der Politik Karriere gemacht hat, wurde von uns mit einem Fangesang bedacht, der seinem damaligen Lebenswandel entsprach. Den intensivsten Kontakt gab es aber mit dem Christoph Jank, weil er sehr musikaffin war und regelmäßig die Konzerte in der Arena besucht hat. Es gab einen gewissen Austausch mit den Spielern, eben oft nach dem Match beim Heiligenstädter Wirt. Die Spieler haben halt auch gesehen, dass die Vienna-Fans der Mannschaft viel verzeihen. Solange wir als Fans ein Engagement am Platz erahnen konnten, haben wir die Spieler immer unterstützt. Man darf nicht vergessen, dass schon damals die Spielerfluktuation sehr hoch war. Da gab es nur wenige, die es länger bei uns ausgehalten haben.

Wie hast du dann die nächste Fangeneration bei der Vienna erlebt?
Ich sehe es sehr positiv, wenn sich neue Leute engagieren. Ich bin da recht offen. Ich kann mich noch erinnern an die Ultras 07, die hatten einen Cowboy als Symbol, und selbst die habe ich unterstützt. Die hatten einen recht komischen Zugang, weil sie zuerst eine Art Ultragruppe gegründet haben und sich erst danach einen Verein suchten. Bei verschiedenen Vereinen haben sie sich als Fangruppe angeboten, auch bei uns. Sie waren aber auf der Hohen Warte chancenlos. Ich wäre nicht so streng gewesen, obwohl der Cowboy schon recht peinlich war. Ich bin kein Verfechter davon, dass es nur eine bestimmte Fankultur geben darf. Da bin ich kein Dogmatiker. Klar müssen gewisse Inhalte verbindlich sein, wenn es etwa um

Sexismus, Homophobie und Rassismus geht. Aber sonst sollte eine Fankultur, meiner Meinung nach, so offen wie möglich sein.

Wie siehst du den Fandachverband?
2014 stand die Vienna wieder einmal vor dem Abgrund. Wir wussten alle nicht, wie es weitergeht. Vergleichbar mit der aktuellen Situation. Da war ein Zusammenschluss sehr wichtig, deshalb habe ich ihn unterstützt. Was Fanpartizipation allgemein betrifft, habe ich einen anderen Ansatz. Ich will nicht viel vom Verein. Wenn möglich, soll er uns in Frieden lassen. Deshalb habe ich auch immer Bedenken gegen Fancharta oder Fanverein. Es ist ja völlig legitim, ab und zu etwas beim Verein durchzubringen. Die Einschränkung der Stimmenübertragung bei der Generalversammlung etwa ist unheimlich wichtig. Aber ich will nicht, dass die Vienna selbst versucht, Einfluss auf den Fanblock zu nehmen. Mir ist die Heterogenität unserer Fankultur, mit ihren unterschiedlichen Gruppen und Akteuren, sehr wichtig. Die müssen wir uns erhalten und wenn der Dachverband dazu beiträgt, dann ist es sinnvoll. Lustig finde ich die gelegentlichen Vorwürfe, die jüngere Generation der Vienna-Fans wäre zu politisch. Das gehört meiner Meinung nach dazu. Wir haben uns damals am Anfang auch auf gewisse Eckpunkte, wie Antirassismus, geeinigt, und dass die Gegner und deren Fans nicht beschimpft werden. Das war schließlich auch politisch, weil es uns eben wichtig war. Ähnlich war es beim WSC. Dass sich so ein Bewusstsein gerade beim WSC und bei uns gebildet hat, ist vor dem historischen Hintergrund der Vereine schon sehr erstaunlich. Der WSC mit seiner deutschnationalen Vergangenheit und wir als schwarzer Nobelklub im roten Wien. Aber es gab damals halt genau bei diesen beiden Vereinen Raum für Betätigung. Deshalb konnten Personen aus einem alternativen Umfeld diesen mit neuen Themen besetzen und gestalten. Natürlich ist bei uns nicht jeder im Block links. Darüber brauchen wir uns keine Illusionen machen. Da haben wir mitunter auch Probleme und Auseinandersetzungen. Aber jeder weiß bei uns, dass gewisse Sachen nicht gehen und unter keinen Umständen geduldet werden.

Wie siehst du das Verhältnis zum WSC?
Die sportliche Rivalität ist natürlich immer noch da. Niemand freut sich, wenn die anderen gewinnen. Da kann ich, glaube ich, auch für

die WSC-Fans sprechen. Die Bezeichnung „Derby of Love“ halte ich für übertrieben. In vielen Fanszenen in Österreich ist viel passiert und mich stört ein bisserl, dass wir und die WSC-Fans immer als die Guten dargestellt werden. Dagegen werden Rapid-Fans meist negativ gezeigt, obwohl gerade die Szene bei Rapid vieles weitergebracht hat, etwa Rechte aus dem Stadion rauszuhalten oder gegen Polizeigewalt vorzugehen. Deshalb mag ich auch das Hochloben des kleinen Derbys in den Medien gar nicht. Es ist eine gesunde Rivalität, und danach geht man zusammen auf ein Bier. Bei den Spielen sind sicher auch die vielen Zaungäste ein gewisses Problem. Die zersplittern die Fanblöcke und können nicht mitsingen, weil sie die Texte nicht kennen. Okay, beim WSC ist das eine Ausrede, wir kennen ja die Stimmung dort *(lacht).*

Was würdest du dir für die Zukunft der Vienna wünschen?
In erster Linie hoffe ich, dass der Klub überlebt und sein Insolvenzverfahren bewältigt. Es ist auch die Frage, ob wir uns die Hohe Warte weiter leisten können. Wahrscheinlich ist die Vienna in Österreich der Verein, der am meisten mit seinem Stadion steht und fällt. Die Hohe Warte ist einfach einzigartig und passt auch trotz der jetzigen Situation zu unserem Verein, der sich immer größer sah, als er war. Die Hohe Warte macht die Vienna zu dem, was sie ist. Ohne Hohe Warte ist die Vienna für mich nicht vorstellbar.

(Interview 30. November 2017)

Thomas empfängt mich in seiner Wohnung in Sichtweite zum Wiener Riesenrad im Prater. Er testet gerade frisch eingetroffenes Vinyl. Mein Blick fällt auf einen Teil seiner großen Sammlung. Wir verlassen sein Arbeitszimmer und setzen uns ins gemütliche Wohnzimmer. Schnell gesellen sich die beiden Hauskatzen zu uns.

Wie bist du damals auf die Hohe Warte gekommen?
Ich bin im 19. Bezirk aufgewachsen und habe lange Jahre selbst Fußball gespielt. Zuerst beim Nußdorfer AC und dann bei der Vienna. Nach einem Schulwechsel war ich dann beim SV Gerasdorf und noch ein Jahr bei Admira Wacker. Als Vienna-Nachwuchsspieler war ich auch öfters Ballbub bei den Spielen der ersten Mannschaft in der Bundesliga. Auf mein erstes Spiel als Zuschauer bin ich mit meinem Vater gegangen, der eigentlich Austria Wien-Fan war. Er war ein guter Freund von Joschi Walter und Karl Stotz. Damals war ich sechs oder sieben Jahre alt und es muss 1980 oder 1981 gewesen sein. Ein Unentschieden gegen Simmering. Wir sind damals im VIP-Bereich gesessen und neben uns haben die älteren Herren ausgesprochen derb geschimpft. Ich habe mich nicht ausgekannt und die Ausdrücke nachgeschrien. Schon hatte ich eine dicke Watschen von meinem Vater. Für mich völlig unverständlich, weil es ja alle gemacht haben. Durch meinen Schulwechsel ins Internat bin ich dann von der Vienna weg und hatte auch keine Zeit mehr, auf die Hohe Warte zu gehen.

Wann bist du wieder zurückgekommen?
Erst in der ersten Europacupsaison bin ich mit Schulkollegen wieder auf die Hohe Warte gegangen. Generell war die Stimmung damals dort recht traurig. Aber es gab ein paar junge Leute oben, die alternativ ausgeschaut haben, und auch ein paar Punks. Ich bin dann regelmäßig auf die Spiele gegangen und die Jungen haben sich untereinander beäugt. Da gab es eigentlich zwei Gruppen, und um 1989 haben wir dann beschlossen, uns zusammenzustellen. Damals war eine Fast-Food-Kette Sponsor des Vereins und wir nannten uns Kleine Pommes. Von damals habe ich sogar noch ein selbstgemaltes T-Shirt. Aber der Sponsor war bald weg. Ich war damals ein großer Fan der Zeichentrickfigur Wile E. Coyote, dem ewigen Loser. Für

mich ist er die Personifizierung der Vienna. So wurden die Döblinger Kojoten geboren. Wir wollten unseren eigenen Supportstil aufziehen, weil wir mit dem, was bei Rapid und Austria passiert ist, nichts anfangen konnten.

Wir waren ja eigentlich alle in einem alternativen Umfeld unterwegs, welches uns auch politisiert hat. Ein paar von uns kamen zwar aus Döbling, der Großteil hatte aber mit der Vienna und dem 19. Bezirk relativ wenig am Hut. Viele von uns kannten sich aus der *Arena.* Wenn wir mitunter Spieltermine am Sonntagvormittag hatten, sind viele von uns nach den Konzerten am Vortag direkt auf die Hohe Warte gekommen. Da bildete sich so eine Gruppe von zwanzig bis dreißig Leuten, die sich auf der Hohen Warte traf. Für uns stand immer die Party und das Kreative im Vordergrund. Sportlich waren die Leistungen der Vienna ja damals inferior. Nach den beiden Europacup-Saisonen ging es sehr schnell in die 2. Liga. Damals waren Spiele vor nur 250 Besuchern keine Seltenheit und wir fünfundzwanzig Verrückten standen halt neben dem Fernsehhütterl auf dem Naturhang und haben die Mannschaft lauthals unterstützt. Wir waren relativ weit weg vom Spielfeld. Wer weiß, ob uns die Mannschaft überhaupt gehört hat? Gegenüber auf der Tribüne gab es auch junge Fans, mit denen wir uns aber nicht anfreunden konnten. Die waren anders drauf. Das war die Partie um die Old Firm.

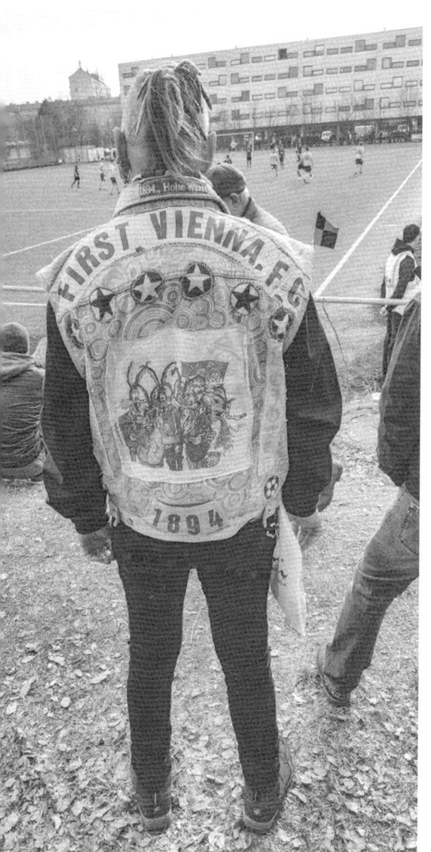

Döblinger Kojoten-Legende in ihrem natürlichen Habitat.

Damals gab es keine Möglichkeit, nach dem Spiel auf der Hohen Warte noch etwas gemütlich zu trinken. So sind wir immer runtergegangen auf die Heiligenstädter Straße zum *Gasthaus Heiligenstadt,* damals ein klassischer Wiener Wirt. Anfangs hat sich der über unseren Besuch gefreut. Oft sind wir mit dreißig Leuten, auch Vienna-Spieler mit dabei, ins Lokal hineingekracht. Wir haben sogar einen eigenen Raum bekommen. Aber natürlich sind wir irgendwann rausgeflogen. Dann sind wir halt zwei Häuser weiter in ein anderes Lokal gewandert.

Wart ihr damals auch schon regelmäßig bei den Auswärtsspielen dabei?
Ab 1991 sind wir regelmäßig mit dem Zug auswärts gefahren. Meist bei einem Konzert haben wir uns den Treffpunkt ausgemacht. In der Regel um 7.00 Uhr in der Früh am Spieltag am Bahnhof. Diejenigen, die dann aufgetaucht sind, hatten zumeist noch nicht geschlafen. Bei wichtigen Spielen haben wir fünfzehn Leute zusammengebracht. Natürlich hat es immer wieder Probleme gegeben. Gerade bei den Rückfahrten, weil die Zugabteile meist verwüstet waren. Wir waren nie ungut zu Leuten, aber eben lustig und extrem laut. Der Ghettoblaster gehörte damals zu unserer Grundausstattung. So hatten wir immer wieder Stress mit den österreichischen Bundesbahnen.

Wie haben die anderen Vereine auf euch reagiert?
In der 2. Liga durchweg positiv, weil wir ja ein netter Haufen waren. Auch haben wir immer schnell Kontakt zu den „Natives“ gefunden. Bis der letzte Zug gefahren ist, sind wir mit ihnen auch immer zusammengesessen. Wunderschön war immer der Ausflug nach Ried. Dort gab es eine kleine alternative Szene, ein paar Scooterboys, Punks und Mods. Mit denen haben wir uns ganz schnell angefreundet. Im österreichischen Cup gab es dann die ersten Probleme. Bei Sturm Graz hat sich etwa der Regenjacken-Edi seinen Spitznamen geholt. Um zu unserem Sektor damals zu kommen, mussten wir unter den Sturm Graz-Fans vorbeigehen. Die haben uns alle von oben bis unten angespuckt. Der einzige, der da gut durchgekommen ist, war eben der Edi, der eine Regenjacke anhatte. Kapuze auf und durch, während wir alle Baumwollsachen hatten. Da hat sich der Schlatz hineingefressen. Davon hat er seinen Spitznamen. Andere sagen wieder, es war bei einem Spiel gegen den Grazer AK. Ich bin mir aber sicher, es war in der Gruabn.

Ganz herb war auch eine weitere Begegnung gegen den Grazer AK im Cup. In der Saison 1996/97, als die Vienna ins Finale gekommen ist, haben wir im Viertelfinale auswärts gegen den GAK gewonnen. Damals sind wir mit einem großen Bus in Graz angekommen. Die halbe *Arena* war mit dabei und wir sind mit großem Polizeiaufgebot vom Parkplatz zu unserem Sektor gebracht worden. Sowas kannten wir nicht. Die Polizisten haben dann ein Spalier zwischen unserem und dem Nachbarsektor gebildet. Unmittelbar nach Schlusspfiff laufen plötzlich rund fünfundzwanzig Grazer Skinheads über das Spielfeld zu uns. Im selben Moment geht die Polizei aus unserem Sektor ab. Ich kann mich noch gut erinnern. Ein Beamter hat sich noch einmal umgedreht und uns zugerufen: „Ihr Scheiß-Wiener, jetzt bekommt ihr ordentlich auf die Pfeife!" Sofort sind wir losgerannt, um noch zum Bus zu kommen. Doch die Grazer Skins hatten uns den Weg abgeschnitten und bewarfen uns mit vollen Fantadosen. Die ersten von uns gingen zu Boden. Wir waren ja überhaupt keine Prügler und entsprechend in großer Panik. Plötzlich hat sich die mitgereiste *Arena*-Security auf die Glatzen geworfen. Einer von ihnen hatte einen Grazer im Schwitzkasten und ist mit ihm über den ganzen Parkplatz gelaufen. Die *Arena*-Leute haben die Grazer weggeräumt, während wir Normalos *(auch mit Thomas möchte man sich eigentlich nicht anlegen, ist er doch von großer und breiter Gestalt)* zum Bus gelaufen sind. Als die Grazer am Boden lagen, tauchte die Polizei wieder auf. Es war sehr bizarr. Wir sind dann ins Krankenhaus gefahren, um unsere Verletzten versorgen zu lassen.

Mit manchen Erstligavereinen, wie etwa auch den Linzern, kam es immer wieder zu Problemen. Die beiden Vereine der Stahlstadt hatten damals ein massives Hooliganproblem. In Wien konnte es beim Stadthallen-Fußballturnier zu Problemen kommen. Dort sind wir immer wieder von Rapid-Fans gejagt worden. Denen war unser Support sowie unsere Punks zu viel, und schon sind wir wieder gelaufen.

Du hast schon erwähnt, dass die Musik neben dem Fußball auch eine wichtige Klammer für euch war.

Extrem wichtig. Ein Teil von uns war auf den ganzen Raves Anfang der 1990er Jahre, die oft in der *Arena* stattfanden. Andere waren im Punk- und Hardcore-Bereich unterwegs. Alle waren wir immer im alten und neuen *Chelsea* oder in *Pandoras Box.* Man hat sich bei vielen verschiedenen Bands getroffen. Ein Teil hatte die Sozialisation über die britische Musik aus dem Mod- und Indie-Bereich. Andere kamen aus der Punk- und Hausbesetzer-Szene. Es gab da viele Überschneidungen und wir haben uns sowieso immer auf den Konzerten gesehen. Auch Spieler von der Vienna konnte man bei den entsprechenden Veranstaltungen treffen. Etwa Christoph Jank, der lange bei uns und später in Salzburg und Ried gespielt hat. Er war totaler Punk-Fan und dementsprechend Stammgast in der *Arena.* Daraus hat sich dann sein Spitzname „Christoph Jank Superpunk" entwickelt. Immer total musikinteressiert, ein ganz netter Typ, und er ist zu einem Freund geworden. Noch heute kommt er uns auf der Hohen Warte besuchen und stellt sich zu uns in den Block.

Woher habt ihr die Inspiration für euren Support genommen?
Ganz klar aus England, weil wir ja alle von britischer Jugendkultur geprägt waren. Deshalb hat uns auch der englische Fußball interessiert. Jeder hatte einen Lieblingsverein auf der Insel. Von dort kamen auch die ersten Chants, die haben wir einfach gestohlen. „Hey ho, let's go!" kommt von den Ramones. Aber schon früh haben wir eigene Chants kreiert. Meist sind die auf den Auswärtsfahrten entstanden. Wenn uns ein Spieler sympathisch war, hat er einen eigenen Chant bekommen. Etwa „We like to Rado, Rado!" für Zeljko Radovic. Oder „Veni vidi Wieger. Ich kam, sah und wiegerte!", für Herbert „Muki" Wieger. Wir hatten viele lustige Chants und waren extrem kreativ.

Wie hat man auf euch auf der Hohen Warte reagiert?
Mit totaler Ignoranz. Es gab damals wenig Überschneidungen zwischen Vereinsoffiziellen und Fans. Es gab keinen Treffpunkt am Platz nach dem Spiel. Wir waren beim Spiel auf unserem Platz und sind nach dem Spiel dann wieder abgehaut. Den Funktionären waren wir suspekt. Heinz Havelka war der erste, der mit uns redete. Ihm war wichtig, dass wir immer auswärts dabei waren. Aber es wäre ihm nicht eingefallen, uns irgendwie einzubinden. So richtig ernst genommen hat er uns wahrscheinlich nicht. Sie haben uns halt als den lauten, bunten, saufenden Haufen gesehen und verkannt, dass es bei uns viel kreatives Potenzial gab. Wir haben auch

Vorschläge für Veranstaltungen gemacht, wie man mehr Zuschauer auf die Hohe Warte bringen kann. Aber es ist immer alles abgelehnt worden. Mitbestimmung war nie möglich. Die Kojoten waren ja vom eigenen Selbstverständnis so organisiert, dass es keine Mitgliedschaften oder irgendetwas gab. Jeder, der wollte, konnte ein Kojote sein. Lustigerweise hat auch nie jemand von sich behauptet, er wäre Kojote, den wir nicht für leiwand befunden haben. Wir hatten einen sehr anarchistischen Ansatz. Jeder ist gleichberechtigt. Dadurch, dass wir nicht richtig organisiert waren, waren wir für den Verein auch nicht greifbar – eben bewusst unorganisiert. Die ganze Ultra-Sache etwa war uns zutiefst suspekt.

Wann kam dann euer Wechsel vom Naturhang unter die Tribüne?
Als die Naturrangseite renoviert wurde, mussten wir auf die Tribüne. Dort kam es auch zum Zusammenschluss mit Old Firm und Weirdoz, die ja schon vorher auf der Tribüne standen. Am Anfang waren wir sehr skeptisch und sie ebenso, aber es hat sich dann ganz gut ergeben. So waren wir nicht mehr fünfundzwanzig Leute unter freiem Himmel, sondern rund fünfzig unter der Tribüne. Dadurch, dass wir jetzt mehr waren, sind auch wieder mehr Leute dazugekommen. Aber im Vergleich zu heute war das damals noch immer recht wenig. Bei den Derbys waren wir immerhin hundert Leute. Meiner Meinung nach hat der Aufstieg in die zweithöchste Spielklasse einen großen Schub gebracht. Dazu beigetragen haben natürlich auch die ganzen Aktivitäten der Vienna Wanderers und der anderen jungen Gruppen. Damit hat sich auch die Fankultur verändert.

Wie hat es sich damals ergeben, dass ihr einen Film über die Vienna macht?
Damals, 2001, war für uns der Abstieg in die Regionalliga unvorstellbar. Ich hole jetzt so weit aus, weil es natürlich mit dem Film zusammenhängt. Jahre später ist uns von Spielern dieser Mannschaft bestätigt worden, dass sie absichtlich verloren haben. Im Abstiegsfall war der Großteil des Kaders nämlich kostenlos frei. So wurde dann für die Regionalliga eine völlig neue Mannschaft zusammengestellt. Unser erstes Spiel war auswärts in Neuberg im Burgenland. Der Platz mit einer kleinen Tribüne lag auf einem Feld. Wir waren schockiert und haben versucht, das Beste aus der Situation zu machen. Vor dem Hauptspiel spielten die beiden U21-Mannschaften gegeneinander.

Ich lehnte mit einem Bier in der Hand an der Bande, nahe zur Corner-Fahne. Als Neuberg einen Eckball hatte, stand der ausführende Spieler fünf Zentimeter von mir weg. Ich fragte ihn spaßhalber, ob er einen Schluck Bier mag. Der Typ sagt ja, nimmt einen Schluck Bier und führt danach den Corner aus. Da wurde mir klar, wo wir angekommen waren. Langsam haben wir uns dann in der Regionalliga akklimatisiert. Später fanden wir es dort lustiger als in der 2. Liga. Auch der Zuschauerschnitt war plötzlich höher als oben. Es war nett auf den Dorfplätzen, aber eigentlich gehören wir woanders hin.

Dann kam die Saison 2005/06, wo es so ausgeschaut hat, als würden wir aufsteigen. Jonas, ein Freund von mir, kam damals frisch dazu und wurde sofort glühender Vienna-Fan. Er hatte Medienwissenschaften und Film studiert und von ihm kam der Vorschlag, doch die Vienna-Fans im Frühjahr 2006 zu begleiten. Ich hatte damals auch schon einen Film gemacht, der auf der Diagonale lief. Dann haben wir halt losgelegt. Uns ging es um die Fans, die jedes Wochenende ihren Samstag oder Sonntag opfern, um in irgendeinem Kaff oder auf der Hohen Warte bedeutungslosen Fußball zu sehen. So viele wunderbare Charaktere, die es wert sind, gezeigt zu werden. Schnell war auch der Freddy als Kameramann dabei. Ihn kannte ich aus dem Musikbereich. Wir hatten zwei Kameras und haben natürlich viele Fehler gemacht. Aber die haben wir dringelassen, weil es dazu gehört. Wir haben es durchgezogen und bei jedem Spiel gedreht. Am Ende hatten wir 200 Stunden Material. Sowas macht ja niemand. Wir hatten trotzdem unseren Spaß. Die Leute aus der Fan-Szene haben uns vertraut, weil sie mich kannten und wussten, niemand wird lächerlich gemacht. Das war ein echter Glücksfall für uns. Am Ende hatten wir diesen Riesenwust an Material und haben in einem Sommer daraus den Film gemacht. Wir haben dann Geld aufgestellt und 500 DVDs produziert. Die waren sofort weg. Bei der Premiere waren 800 Leute im *Chelsea.* Wir waren mit dem Film in Österreich bei den Fans von Austria Salzburg und Sturm Graz zu Gast. Dann sind wir auf Deutschlandtournee gegangen. Wir waren bei Union Berlin und haben eine Aufführung in einem besetzten Haus gemacht. Der Film ist auf dem 11mm-Fußballfilmfestival in Berlin gelaufen und wir waren auch in Hamburg und Jena. Puls4 hat den Film im Fernsehen gezeigt. Wir haben sehr gute Kritiken bekommen und der Verkauf war super. Wir haben schließlich rund 3.000 DVDs verkauft. Ich habe in meinem Leben wirklich schon viele Dinge im Musik- bzw.

im journalistischen Bereich gemacht, aber auf nichts bin ich so stolz wie auf diesen Film. Nur die Vienna hat auf den Film mit ihrer so typischen Mischung aus Ignoranz und Ablehnung reagiert.

Du hast schon den Generationenwechsel auf der Tribüne angesprochen. Wie kam es dazu?
Die Döblinger Kojoten sind halt immer älter geworden und mit Familie und Kindern blieb dann nicht mehr so viel Zeit für Fußball. Dass dann Jüngere mit anderen Ideen ein entstandenes Vakuum füllen, liegt in der Natur der Sache. Es gab Gruppen, die hatten mit der neuen Generation viel größere Probleme als wir Kojoten. Die haben auf ihre Rechte gepocht, was ich wirklich lächerlich finde. Da gab es schon heftige Diskussionen. Meine Meinung dazu ist klar. Wer aktiv ist, der hat auch das Recht zu bestimmen, zu gestalten und damit auch zu verändern.

Mit deinem Engagement im Fan-Dachverband schlägst du ja auch die Brücke zwischen Jung und Alt.
Das ist mir wichtig, weil ich da ein Verantwortungsgefühl habe. Vor allem auch deshalb, weil die jüngeren Fans das gut aufziehen. Eigentlich bin ich ein Organisationsmuffel. Zum Beispiel war ich nie Mitglied bei der Vienna, da ich Mitgliedschaften ablehne. Beim Dachverband schien es mir richtig, meinen Kurs zu revidieren und mich einzubringen. Natürlich bin ich nicht mit allem einverstanden, aber ich bin froh, ein Teil davon sein zu dürfen.

Wie siehst du das Verhältnis zum Wiener Sport-Club?
In meiner Generation kamen Vienna- und Wiener Sport-Club-Leute aus demselben Freundeskreis. Wir waren in derselben Szene aktiv und da gab es starke Verbindungen. Ich war letztens in der Ausstellung zur Wiener Popkultur im Wien Museum. Da stehen auf vielen Fotos Vienna- und Wiener Sport-Club-Fans zusammen. Die junge Fangeneration hat diese Verbindung nicht mehr. Der Ursprung des „Derby of Love" war authentisch und gut. Beide Seiten sind nun viel größer geworden und damit hat auch die Distanz zugenommen. Der Begriff selbst kam ja aus unserem Fanumfeld. Es ist ein unglaublich guter Marketingslogan geworden, der durch seinen Erfolg natürlich an Inhalt verliert. Aber die Sache funktioniert immer noch und rund 7.000 Zuschauer kommen zu den Spielen.

Das ist in Österreich eine Wahnsinnsleistung. Dadurch ist es für mich völlig in Ordnung. Aber auch der ironische Umgang damit, den die junge Generation pflegt, unter dem Motto „It isn't a Derby of Love, just a drunken one-night stand" ist wichtig.

Wie siehst du die Zukunft der Vienna gerade in dieser schwierigen Zeit jetzt?
Die aktuelle Situation ist natürlich ein Wahnsinn. Für mich ist allerdings klar, dass eine Vienna nicht um jeden Preis erhaltenswert ist. Mir geht's da nicht um sportlichen Erfolg oder darum, dass der Verein nur über die Runden kommt, sondern es soll die Vienna sein, die wir und ich mitgeprägt haben und die für gewisse Werte und Sachen eintritt. Als Nicht-Jurist ist es natürlich schwer zu beurteilen, ob es richtig war, gegen den Zwangsabstieg juristisch vorzugehen. Meiner Meinung nach ist die Situation mehr als verheerend. Wie soll der Verein finanziell in der 5. Spielklasse überleben?

Man muss sich halt die Frage stellen, ob der Verein überhaupt erhaltenswert ist. Ich denke, wir brauchen Spieler, die uns relativ schnell wieder nach oben bringen. Schon das zweite Jahr Landesliga ist schwierig für uns. Wir müssen binnen der nächsten zweieinhalb Jahre wieder in die Regionalliga kommen. Wenn das nicht gelingt, dann ist es vorbei. Im Grunde hatte die Vienna immer finanzielle Probleme und war abhängig von Geldgebern. Es war immer so, dass es kurzfristig potente Geldgeber gab, die ohne längerfristigen Plan den Verein am Leben gehalten haben. Wenn diese Leute gegangen sind, blieb meistens eine Wüste zurück. Die Vienna hat als Verein immer nur mit Mühe und Not überlebt. Spätestens seit den 1970er Jahren war das ein Dauerzustand bei uns. Irgendwann muss man sich fragen, ob es sich überhaupt auszahlt. Mit einer lebendigen Fankultur ja, aber können wir diese in der Landesliga halten? So schwer es auch fällt, vielleicht muss man mit Sachen brechen können und akzeptieren, wenn etwas nicht mehr geht.

Der Film „Es geht sich immer nicht aus" (2006) von Fred Lachinger, Jonas Müller und Thomas ist heute leider vergriffen. Wer ihn aber unbedingt sehen will, findet ihn auf einer bestimmten einschlägigen Internet-Plattform. Es zahlt sich aus!

(Interview 30. November 2017)

Gegenüber vom Karmelitermarkt, einem der ältesten Wiener Märkte, treffe ich Ale in einem gemütlichen Kaffeehaus. Am Nachbartisch sitzt Autor Wolf Haas und arbeitet vielleicht schon am nächsten Buch. Bevor wir mit dem Interview starten, erzählt mir Ale noch mit einem Blitzen in den Augen von seiner letzten Groundhopping-Tour nach Süditalien. Nachdem das WM-Aus der Nazionale sowie die aktuelle Tabellensituation der Serie A abgehakt sind, wenden wir uns der Vienna zu.

Wie bist du zur Vienna gekommen?
Ursprünglich komme ich aus Südtirol und bin mit dem italienischen Fußball aufgewachsen. Mein Vater war glühender Milan-Fan und so bin ich Inter-Fan geworden. 1996 war ich das erste Mal bei Inter im Stadion. In Südtirol gibt es im Fußball nur zwei Möglichkeiten. Entweder du bist Bayern-Fan oder du hältst zu einer der drei großen italienischen Mannschaften: Juve, Milan oder Inter. Seit ich denken kann, hat Fußball in meinem Leben eine Rolle gespielt. Wir haben selbst immer im Hinterhof gekickt und am Markt habe ich mir die nachgemachten Trikots gekauft. Mit fünfzehn habe ich mir Bubi Meran angeschaut, weil ein Freund von mir dort gespielt hat. Bubi ist eine Mannschaft aus dem *Calcio a Cinque,* dem Kleinfeldfußball mit fünf Spielern, der in Italien überaus beliebt ist. Bei Bubi Meran hat sich dann ein Freundeskreis gebildet, der als Brigata Giallorossa die Mannschaft supportete. Am Anfang waren wir fünfzehn Leute und die Gruppe ist weiter gewachsen.

Diese Verbindung zur Brigata ist für die späteren Vienna Wanderers sehr wichtig. Viele waren zuerst bei der Brigata und sind dann zu den Wanderers gekommen. Wer aus unserem Umfeld nach Wien zur Ausbildung kam, ging auf die Hohe Warte. So ist der starke Südtiroler Einfluss bei den Wanderers entstanden. Im September 2006 bin ich mit achtzehn Jahren nach Wien gekommen und habe in einer WG bezeichnenderweise am Südtiroler Platz gewohnt. Damals war ich in der Punkszene unterwegs und oft im *Movimento.* Dort habe ich einige Vienna-Punks kennengelernt. Dann hat mich der Martin, der das *Venster99* führt, auf die Hohe Warte mitgenommen. Da kamen viele Leute aus dem *Movimento* zusammen. 2006 war die Vienna noch viel mehr Subkul-

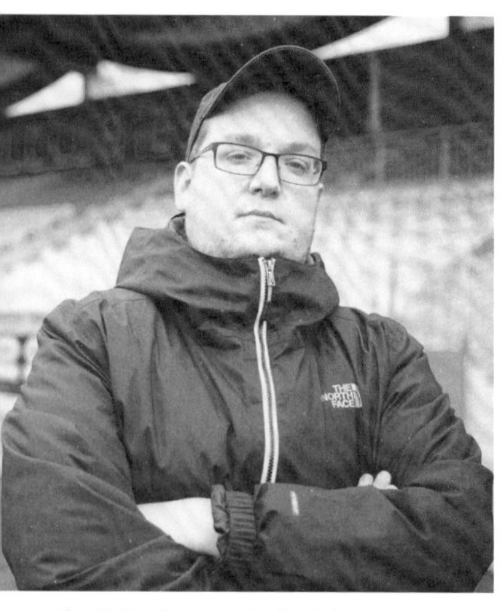

Ale, Gründungsmitglied der Vienna Wanderers.

turtreffpunkt als heute. Bei meinem ersten Spiel auf der Hohen Warte waren gerade einmal 250 Zuschauer. Die Stimmung war dementsprechend. Mein zweites Spiel war dann der Sieg im Cup über Rapid. Damals war einer meiner Mitbewohner immer dabei. Ein Juve-Fan, der sich aber überall Fanschals gekauft hat. So auch gleich nach dem Sieg über Rapid. Ich habe mir noch gedacht, nein, einen Fanschal kauft man sich nur von seiner Herzensmannschaft. Bis ich mir den ersten Schal von der Vienna gekauft habe, hat es gedauert.

Meine Hinwendung zur Vienna ging ganz schleichend vonstatten. Am Heimspieltag, am Freitag, gab es immer viele Skar- und Soul Night-Veranstaltungen, die um Mitternacht losgingen. Für Freunde und mich war der Matchbesuch auf der Hohen Warte das Vorglühen vor den Konzerten. Ich habe dann Leute, die ich von der Musik oder aus dem Politkontext kannte, nach Döbling mitgenommen. Daraus ist eine Gruppe von zunächst zehn Leuten geworden, die dann weiter gewachsen ist. Da waren Südtiroler, aber auch Vorarlberger dabei sowie Leute mit Balkan- bzw. Osthintergrund, später dann auch die ersten Wiener. Einer unserer Wiener kam eigentlich als Ordner auf die Hohe Warte, um sich was dazuzuverdienen, und wechselte dann zu uns in den Fanblock. Wahrscheinlich recht einzigartig, die Geschichte. Meine erste Auswärtsfahrt war damals mit einem Bus voller Punks nach Würmla, zur damals besten Käsekrainer der Liga.

Wo bist du am Anfang im Stadion gestanden?

Gleich direkt in der Mitte im Fanblock. Das war ich so von der Brigata gewöhnt. Anfangs bin ich ja nicht wegen dem Fußball gekommen, sondern fürs Vorglühen und zum danach Fortgehen. Mit der Zeit ist die Vienna aber immer wichtiger geworden, sozusagen vom

Lückenfüller zum Hauptprogramm. Auch durch die regelmäßigen Auswärtsfahrten.

Wann habt ihr aus der losen Gruppe dann einen Fanklub gemacht?
So nach zwei Jahren. Beim Aufstieg in Neusiedl 2009 hing der erste Wanderers-Fetzen. Wir wollten anfänglich kein klares Gruppenlogo, wie etwa andere Fanklubs in Österreich. Mit der Zeit hat sich der Affe bei uns eingebürgert und relativ schnell haben wir das Target aus der Mod-Kultur als Symbol adaptiert. Für den Namen haben wir etwas gebraucht und da war am Anfang auch viel Blödsinn dabei. Der Name „Wanderers" war eigentlich mein Einfall, da der Großteil von uns ja nach Wien sozusagen „eingewandert" war. Unsere erste Choreo haben wir dann bei den Amateuren gemacht. Damals war uns der Freitagabend oft zu wenig und wir sind eine Zeit lang auch am Samstag zur zweiten Mannschaft gegangen. Damals gab es noch die zwei Wanderers-WGs. In einer von beiden habe ich gewohnt. Da hat man natürlich viel zusammen unternommen. Durch die räumliche Nähe ist viel Dynamik entstanden.

Wie ist denn am Anfang bei der Vienna auf euch reagiert worden?
Schon damals in Neusiedl kam es gleich zu Diskussionen mit den älteren Fans, etwa den Döblinger Kojoten. Einige von ihnen, die aus einem ähnlichen subkulturellen Umfeld stammten, fanden uns gut. Eine andere Gruppe, die den britischen Support vehement verteidigte, war nicht begeistert. Die hingen halt der Klischeevorstellung an, eine Fahne sei „italienisch". Dabei ging es meiner Meinung nach nicht um den Stil selber, sondern nur darum, dass wir die Neuen waren. Wir wurden gleich in die Ultra-Schublade gesteckt. Aber wir haben uns nicht einschüchtern lassen und unser Ding durchgezogen. Unser Vorteil war, dass wir ja eigentlich nicht neu waren, sondern uns schon seit zwei Jahren im Fanblock bewegten. So kannte man uns ja und trotz gewisser Vorbehalte wurden wir akzeptiert.

Als unsere Gruppe immer größer wurde, haben wir relativ schnell begonnen, Choreografien zu machen. Mit der Zeit sind wir immer professioneller geworden. Um die Finanzierung gewährleisten zu können, haben wir ein Konto eingerichtet und Mitgliedsbeiträge erhoben. Wir hatten damals auch eine Halle, wo wir ungestört arbeiten konnten. Von Anfang an haben wir die Vienna-Fans aufgerufen, uns zu helfen. Nur eine Person ist gekommen, aber nie jemand von den alten Fans um die Kojoten oder die Old Firm. Wir haben es oft versucht. Erste Unterstützung kam dann von den jüngeren Gruppen wie Antifa Döbling oder der Plüsch Pony Bande. Niemand von unseren Kritikern hat das Angebot, mitzugestalten, genutzt. Viele bei der Vienna reden groß und bringen aber gar nix auf die Reihe. Seit zwei Jahren finanzieren wir viel über Becherspenden. Um die Dimensionen zu verstehen: Die Choreografie 2015 über die gesamte Tribünenlänge mit ca. 110 Metern Stoff und Material hat rund 3.000 Euro gekostet.

Wann habt ihr mit den großen Aktionen begonnen?
Die erste größere Aktion war die Überrollfahne zum fünfjährigen Bestand der Wanderers. Ursprünglich waren unsere Choreos an den Dimensionen unserer Halle, also 20 x 15 Meter, orientiert. Zum Jubiläum sind wir zum ersten Mal darüber hinausgegangen. Durch die Übung wurden wir immer professioneller und haben uns in allen Belangen eine entsprechende Expertise angeeignet.

Gibt es vom Verein finanzielle Unterstützung für eure Aktionen?
Ganz lange herrschte da Funkstille. Der erste, der Interesse zeigte, war der damalige Vizepräsident Thomas Mader. Da kam erstmals positives Feedback, natürlich auch, weil sie die Fotos der Choreos als Werbung verwendeten. Da haben wir gesagt, okay, dann könnt ihr euch auch beteiligen. Unter Mader haben wir einen Container auf dem Gelände der Hohen Warte bekommen. Da hatten wir gerade unsere Halle verloren und brauchten einen Lagerort. Leider gibt's mit dem Container aber Probleme, weil er nicht ganz dicht ist. Wir haben ja dann auch das Stadion ausgemalt. Daran waren viele Leute aus unterschiedlichen Gruppen und auch Einzelpersonen beteiligt. Da hat der Verein wenigstens die Farben zur Verfügung gestellt.

Wie kam es dazu, dass ihr das Stadion ausgemalt habt?
Ganz hinten an der Wand hat irgendwer mal ein Keltenkreuz aufgesprüht. Einer von uns hat das schön übermalt. Das hat uns so gut gefallen, dass daraus die Idee entstand, den Betonbrocken von Tribüne zu bemalen. In der ersten Phase haben wir in zwei Tagen den Fanblock blau-gelb ausgemalt. Der Verein selbst hat sich nicht groß engagiert, uns aber wenigstens machen lassen. So ist dann

nach einer Abstimmung auch der Schriftzug „Kein Platz für Diskriminierung" angebracht worden, den wir gut sichtbar ins Stadion gemalt haben. Viele Sachen wurden einfach umgesetzt, denn uns war klar, wenn wir auf eine Unterstützung vom Verein oder auch nur eine Antwort warten, dann dauert es ewig oder es kommt überhaupt nichts zurück. Viele Leute von uns verstehen nicht, warum der Verein das Potenzial seiner Fans nicht checkt und warum die Zusammenarbeit, wenn sie überhaupt existiert, so schwierig ist. Vor Medienvertretern wird immer die Wichtigkeit der Fans betont, in der Realität schaut es aber ganz anders aus. Aber im VIP-Bereich schmückt man sich dann mit unseren Fotos von den Choreos. Glaubst du, sie hätten uns einmal gedankt oder auch nur gefragt, ob sie unsere Fotos verwenden dürfen?

Die großen Projekte konntet ihr aber nicht allein als Wanderers umsetzen?
Nein, aber wir haben ja von Anfang an um Partizipation geworben und haben jetzt mit Antifa Döbling und der Plüsch Pony Bande einen sehr guten Austausch. Die Vernetzung war auch insofern notwendig, weil nach gewissen Vorkommnissen einige Leute von uns nicht mehr mit dem vom Verein organisierten Bus auf die

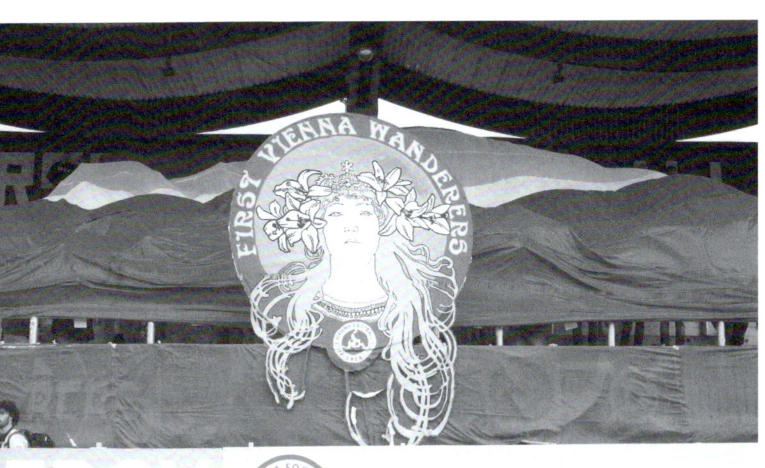

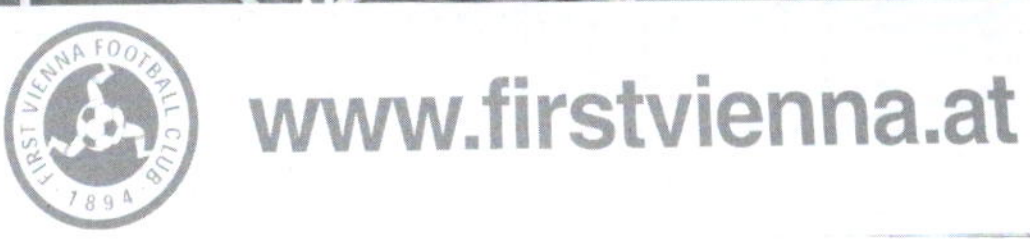

Vienna Wanderers-Choreo vom 12. August 2006.

Auswärtsspiele fahren wollten. Da haben wir uns zusammen nach Alternativen umgeschaut, bevor die Leute zu Hause bleiben. Ohne Plüsch Pony Bande und Antifa Döbling hätten wir viele Choreos nicht so umsetzen können, wie es dann passiert ist.

Hat das auch den Grund, dass ihr politisch ähnlich tickt, und im Gegensatz zu früheren Zeiten mehr gesellschaftspolitische Themen im Fanblock verankert habt?
Ja durchaus, aber das war auch eine Entwicklung. Am Anfang waren wir den Döblinger Kojoten von damals doch recht ähnlich. Am Freitag mit Freunden aufs Spiel gehen, feiern und Spaß haben. Auch bei den Kojoten gab es ja außerhalb des Fußballs viele Überschneidungen. Der Unterschied zwischen uns und den anderen Gruppen war, dass wir gesellschaftspolitische Themen ins Stadion gebracht haben. Ich denke, wir haben viel von den anderen Gruppen, etwa der Antifa Döbling, gelernt und umgekehrt. Wir sind sicher politisch sensibler geworden. Andererseits hat auch die Antifa Döbling dazugelernt, dass man nicht alles aus der politischen Arbeit ins Stadion bringen kann. Unser Engagement ist vor allem auch wichtig, um sich von Fangruppen anderer Vereine abzugrenzen. Vom Wiener Sport-Club unterscheiden wir uns grundsätzlich darin, wie wir unsere Fankultur ausleben und gestalten. Unbewusst haben wir in einem gewissen Sinn in eine Ultrakerbe hineingeschlagen und werden von vielen auch so wahrgenommen. Dementsprechend ist unsere klare politische Agenda ein wichtiger Punkt der Abgrenzung.

Ein Anlass war auch, dass einige Linzer ASK-Fans durch Döbling marschiert sind und unbehelligt rechte Parolen schreien konnten. Ähnliches haben wir auch schon einmal in Lustenau erlebt. Dagegen positionieren wir uns klar, weil wir hier für uns eine Verantwortung sehen. Unser Engagement ist ja eben nicht auf den Fußball beschränkt. Bei den Demos gegen den Wiener Akademikerball wurden wir gebeten, die ersten beiden Reihen zu übernehmen, da wir als Fußballfans ja Erfahrung mit der Polizei hätten. So werden wir als linke bzw. antifaschistische Fußballfangruppe wahrgenommen, deren Mitglieder man auf diversen politischen Veranstaltungen antrifft. In den 2000er Jahren war Wien eine Insel der Seligen, weil es damals auf der Straße keine organisierte rechte Szene gab, anders als etwa in Südtirol. Hier fanden diese Auseinandersetzungen eher im Fußballumfeld statt als auf der Straße. In unserem ersten Jahr in der 1. Liga haben wir bei unseren Auswärtsfahrten nach Oberösterreich und Vorarlberg den Unterschied gespürt. In Bregenz etwa oder in Linz haben die Nazis schon auf uns gewartet. Aber das hat uns als Gruppe nur gestärkt.

Davor, in der Regionalliga, waren wir in der Außenwahrnehmung die lustigen und friedlichen Fans. Mit dem Aufstieg in die zweithöchste Spielklasse mussten wir uns auf eine neue Situation einstellen. Plötzlich war das positive Image der Vienna-Fans egal, vor allem der Polizei. Zwei, drei Begegnungen mit der Polizei, etwa in Lustenau, sind eskaliert. Da hat jemand von uns beim Jubeln unabsichtlich einen leeren Bierbecher aufs Spielfeld geworfen. Sogleich ist die Polizei aufmarschiert und wollte die betreffende Person aus dem Sektor heraus abführen, woran der gesamte Vienna-Block sie gehindert hat. Als wir nach dem Spiel den Block verlassen haben, ist die Polizei in voller Kampfmontur und mit Schlagstöcken in unsere Fangruppe hinein. Da waren viele ältere Vienna-Fans dabei. Absolut übertrieben und alle Vienna-Fans, die im Block dabei waren, sind am Bahnhof polizeilich kontrolliert worden. In den Medien waren wir dann „die randalierenden Vienna-Fans in Lustenau". Da haben wir schnell gemerkt, wie man in die Klischeeschublade gesteckt wird. Auch in Vorarlberg war immer spürbar, dass Auswärtsfans nicht willkommen sind. Diese Saison war wichtig für uns, um zu begreifen, welchen Mechanismen wir da ausgesetzt sind.

Aber unsere Toleranz gegenüber Elementen unter den Vienna-Fans, die uns fortwährend hinterrücks diffamieren, ist auch endlich. Die Sache mit dem Fanbus habe ich schon angesprochen. Einige Vienna-Fans, vor allem Frauen, haben sich da nicht mehr wohlgefühlt. Da spielt auch mit rein, dass Vienna-Fans, die eine andere politische Gesinnung haben, ich nenne sie mal die „Vienna Casual Fanfraktion", Leute zum Spiel mitnehmen, die dann friedliche Vienna-Fans anstänkern und bedrohen. Da mussten wir schon dazwischengehen. Es kann nicht sein, dass Vienna-Fans andere Leute anschleppen, die nie zuvor auf der Hohen Warte waren, und dass diese dann friedliche Leute aus unserer Szene attackieren, weil ihnen deren Aussehen nicht passt! Vielleicht waren wir am Anfang dafür auch blind und zu sehr mit uns selbst beschäftigt. Da hatte Antifa Döbling schon immer mehr ein Auge drauf. Was uns auch sehr geärgert hat, war, dass ältere Fans, darunter auch einige Kojoten, zu diesen Vorfällen nie Position bezogen haben, ja schlimmer noch, diese Vorfälle verharmlost haben. Ich finde es absolut scheinheilig, dieses Verhalten zu tolerieren, nur, weil man früher zusammen gesoffen hat, obwohl man nach außen eine ganz andere politische Anschauung vertritt. Andererseits gibt es unter den Kojoten auch viele wie Thomas, Andi und Tommi, die uns den Rücken stärken. Man muss immer wachsam bleiben und darf sich nicht ausruhen. Eine Unterwanderung der Hohen Warte durch rechte Kreise kann schnell passieren.

Bezogen auf die aktuelle Situation haben Antifa Döbling, Plüsch Pony Bande und wir klar kommuniziert, dass solche Elemente bei uns nicht erwünscht sind. Am Ende muss man sagen, dass die Gefahr zwar marginal ist, es aber es auch viel Scheinheiligkeit gibt, weil die betreffenden Personen sich im persönlichen Gespräch immer sehr umgänglich geben, während sie dann hinter dem Rücken eine ganz andere Position vertreten. Viel von dem Konflikt, der heute in Teilen der Fan-Szene zu spüren ist, kommt von persönlichen Auseinandersetzungen einzelner Protagonisten. Auch weil wir eine relativ kleine Fan-Szene sind.

Du warst 2014 federführend am Aufbau des Vienna-Fandachverbands beteiligt und wurdest zum ersten Obmann gewählt.
Zu diesem Zeitpunkt habe ich bei Pro Supporters gearbeitet, weil mir eben Fanrechte und Mitbestimmung am Herzen liegen. Da haben uns Thomas Gassler und David Hudelist von Pro Supporters beim Aufbau des Dachverbandes mit ihren Erfahrungen aus der Fanarbeit sehr unterstützt. Der primäre Grund für mich war, uns Fans ein Sprachrohr zu geben und unsere Rechte noch mehr einzufordern. Mein Engagement hatte auch mit den schlechten Erfahrungen mit der blau-gelben Vereinsführung zu tun. Wir sind keine Kunden, wie uns die Vienna Geschäftsführung einreden will, sondern wir sind aktive Vereinsmitglieder. Dadurch, dass die Vienna damals wieder einmal mit dem Rücken zur Wand stand, war es notwendig, dass die engagierten Fans mehr zusammenrücken. Vor allem mussten wir uns Strukturen geben. Wie wichtig das war, wusste ich von den Wanderers. Entscheidend ist auch eine klare Kommunikation zwischen Verein und Fans, gerade bei einem Verein wie der Vienna, wo so viel informell unter der Hand geregelt wird. Das kotzt mich an. Transparenz ist das große Problem der Vienna, egal wer den Verein führt.

Wir als Fan-Dachverband müssen langfristige Ziele verfolgen. Die Vienna selbst ist dazu leider nicht in der Lage, wie die letzten zehn Jahre zeigten. Wir Fans müssen die Konstante sein. Deshalb ist der Fanbeirat als Kommunikationsebene für uns auch so essentiell. Spieler und Funktionäre kommen und gehen, der Reiz geht von der Tribüne aus, wo eine bunte und lebendige Fankultur gelebt wird. So steht für mich immer der Fan im Mittelpunkt meiner Überlegungen. Wir müssen uns die Frage schon stellen, wo die Reise hingehen soll, aber es sind die Fangruppen, die die Szene am Leben erhalten, nicht der Dachverband. Der ist nur ein Tool. In unserer derzeitigen Situation muss man natürlich auch die Idee eines Fanvereins im Hinterkopf behalten. Nur können wir das im Fall der Fälle? Es ist leicht darüber zu reden, aber die Umsetzung ist eine andere Sache.

Wo soll es für die Vienna hingehen?
Es ist nett, dass die Vienna der älteste Verein des Landes ist und auf eine erfolgreiche Vergangenheit zurückblicken kann. Seit den großen Zeiten hat sich aber sportlich und gesellschaftlich einiges verändert. Ich würde mir wünschen, dass die Personen, die den Verein führen, endlich einmal längerfristig denken. Sich auch erstmal damit zufriedengeben, dass wir ein Drittligaverein sind. Was wir aktuell ja nicht mal sind. Nicht immer vom Profifußball träumen, wenn uns dazu das finanzielle Fundament fehlt. Sich bis zu einem gewissen Grad von den Erfolgen der Vergangenheit emanzipieren, die wie eine Hypothek auf dem Verein lasten. Dies will sich aber die Mehrheit der Vienna-Fans nicht eingestehen. Wenn wir ehrlich sind: Wer von den Leuten im Fanblock hat denn noch bessere Zeiten erlebt? Nur mehr sehr wenige. Seit den letzten zwanzig Jahren ist die Vienna der Underdog-Verein. Wenn wir immer von Tradition sprechen, dann hat das auch etwas mit Authentisch-Sein zu tun. Die Vienna ist eben schon lange nicht mehr der erfolgreiche Verein von damals. Unser Verein hat Charme, hat zweifellos etwas ganz Spezielles. Natürlich wäre Europacup oder Bundesliga schön, aber andererseits bin ich auch sehr froh, wenn ich auf die Hohe Warte komme und nur zwei Polizisten sehen muss. Das wäre weiter oben anders.

(Interview 6. Dezember 2017)

Wieder verschlägt es mich in den 2. Bezirk und ich treffe mich mit Ines im Kulturcafé *Tacheles* um selbiges mit ihr zu reden. Die Pierogi munden und mit vollem Mund geht's los.

Seit wann spielt Fußball in deinem Leben eine Rolle?
So mit sechs, sieben Jahren habe ich begonnen, die Spiele von Austria Salzburg über Radio zu hören. Mein Vater ist ins Stadion gegangen und irgendwann konnte ich ihn überreden, mich mitzunehmen. Anfang der 1990er Jahre, im Alter von acht Jahren, war ich dann das erste Mal im Lehener Stadion. Mein Vater hat selbst Fußball gespielt, mein Bruder auch. Ich bin natürlich auch mit den Burschen über die Wiesen gejagt. Spiele im Fernsehen haben wir uns gemeinsam angeschaut. Das Stadion-Erlebnis hat mir aber mehr Spaß gemacht.

Später bist du dann nach Wien gekommen?
Ja, mit zwanzig bin ich zum Studium nach Wien. Ich wollte einfach weg und habe es am Land nicht mehr ausgehalten. Da hat der Fußball auch reingespielt, denn mein erster Besuch in Wien hatte mit der Austria zu tun. Mit zehn Jahren war ich beim UEFA-Cup-Spiel Austria Salzburg gegen Eintracht Frankfurt in Wien. Die Salzburger mussten nach Wien ausweichen, worüber die Fans nicht begeistert waren. Da kamen die ganzen Ressentiments gegen die Hauptstadt hoch. Nach der Schule hat am Stadtrand der Fanbus gewartet und wir sind gefahren. Ich war sehr beeindruckt von Wien, von der Stadt selbst und dem Stadion. Im Stadion hing ein großes Banner mit dem Slogan: „Wien – Man kommt als Feind

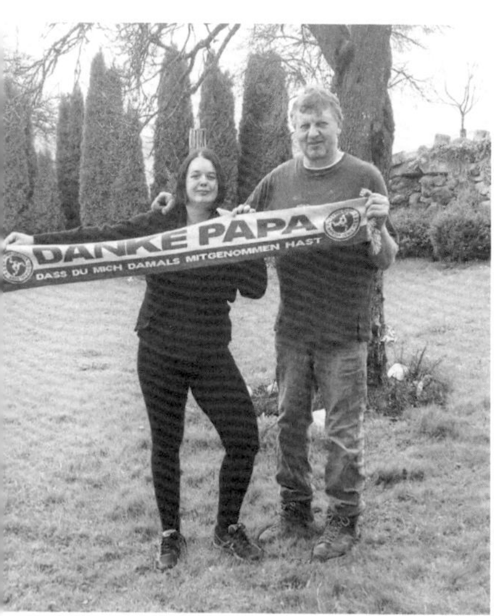

„… irgendwann konnte ich ihn überreden, mich mitzunehmen." Ines und ihr Vater.

und geht als Freund." Das hat mich begeistert und ab diesem Zeitpunkt wollte ich in Wien leben.

Warum in Wien dann die Vienna?
Durch den Einstieg von RB in Salzburg habe ich mich vom Fußball abgewandt. Die Neugründung von Austria Salzburg habe ich aus der Entfernung verfolgt, weil ich da schon in Wien war. Ich brauchte einfach Abstand vom Fußball und die beiden großen Wiener Vereine wären für mich nie in Frage gekommen. Nach vier Jahren hat mich dann ein Freund gefragt, ob ich zur Vienna mitkommen möchte. So war ich 2009 beim letzten Heimspiel in der Aufstiegssaison das erste Mal auf der Hohen Warte. Vorher habe ich noch im Sekretariat angerufen, ob es noch Karten gibt. Ich war das so von Austria Salzburg gewohnt, weil dort viele Spiele ausverkauft waren. Die Mitarbeiterin war sichtlich amüsiert und hat mich beruhigt. Nach dem Spiel bin ich gleich runter auf den Platz und habe mitgefeiert, denn der Aufstieg war nahezu fixiert. Plötzlich hatte ich wieder dieses Gefühl von früher, dieses Kribbeln im Bauch, diese Liebe, die ich bei Austria Salzburg erlebt hatte. An diesem Tag im Mai 2009 habe ich mich in die Hohe Warte und in die Vienna verliebt.

Auch denke ich gerne an die Relegationsspiele gegen Parndorf im Juni 2011. Das erste Spiel musste wegen Regens auf den nächsten Tag verschoben werden. Am nächsten Tag war strahlendes Wetter und die Hohe Warte voller Zuschauer. Auswärts in Parndorf ist dann extra mein Bruder mitgefahren, das war sehr schön. Die Vienna hatte einen 3:0 Sieg aus dem ersten Spiel zu verteidigen. Jedem war eigentlich klar, wir werden es schaffen. Aber dann wurde es eine echte Zitterpartie, auch weil Parndorf viel besser gespielt hat. Schließlich ging es sich aus und die Vienna blieb in der Liga. Von diesem Spiel habe ich auch den Matchball zu Hause.

Wo hast du dich am Anfang im Stadion hingestellt? Warst du gleich im Fansektor?
Bei meinem ersten Spiel nicht, weil der Freund, der mit war, Angst vor den „wilden" Fans hatte *(lacht)*. Da sind wir dann ganz auf der anderen Seite gesessen. Aber in der nächsten Saison sind Freunde und ich in den Fanblock gegangen. Wir haben uns einfach zu einer Gruppe, die weit unten im Block gestanden ist, dazugestellt. Das ist dann auch mein Platz geworden.

Waren deine Freunde im Fanblock schon organisiert?
Meine Freunde waren aus der Steiermark und wie ich zum Studium nach Wien gekommen. Die hatten auch einen Verwandten, der schon häufig zur Vienna gegangen ist. Ich habe mich sofort mit der Antifa Döbling, einer der Gruppen im Block, identifiziert. In der Folge habe ich dann gleich bei ihnen mitgeholfen, T-Shirts, Sticker und Transparente herzustellen. Langsam hat es für mich Formen angenommen. Aber die Antifa ist eigentlich keine klassische Fangruppe. Eher ein Fankollektiv, welches sich so um 2004 gebildet hat und aus der Fan-Szene heraus entstanden war.

Wie haben die anderen Gruppen auf euch im Fanblock reagiert?
Am Anfang waren die Reaktionen auf uns durchwachsen. Wir kannten uns damals mit den Befindlichkeiten im Block nicht aus, wer nun mit wem kann oder nicht. Da sind wir teilweise auch auf die Schnauze gefallen, weil wir Sachen gemacht haben, die nicht so akzeptiert wurden. Auch gab es damals endlose Diskussionen. Am Anfang haben viele Leute über uns gedacht, wir kommen nur ins Stadion, um Politik zu machen. Aber das war nicht unser Hauptgrund. Nach und nach haben die Leute gesehen, uns geht's um die Vienna und um den Fußball. Aber es war und ist nicht immer einfach. Mir ist sogar von einem „Vienna-Fan" einmal ein Bierbecher ins Gesicht geleert worden. Seine Rechtfertigung war, wir machen mit unserer Scheißpolitik den Verein kaputt. Aber es gab auch einzelne und Gruppen, die sehr positiv reagiert haben. Meiner Meinung nach zeigt dies auch die Heterogenität der Fanszene mit ihren unterschiedlichen Zugängen. Mir hat natürlich am meisten der positive Support der Fans imponiert. So etwas kannte ich in dieser Form in Österreich nicht. Schnell ist mir auch aufgefallen, dass in den Vienna-Gesängen immer wieder positiv Bezug auf Frauen genommen wird, wo es doch sonst überall nur um Jungs und Männer geht. Das hat mich angesprochen.

Bist du dann auch auswärts mitgefahren?
Relativ schnell und auch sehr regelmäßig. Da kann ich mich an ein Cup-Spiel gegen Austria Klagenfurt erinnern. Auch bin ich eine Saison lang sehr regelmäßig zur zweiten Mannschaft gegangen. Die Vienna hat immer mehr Platz in meinem Leben eingenommen. Sehr viel Platz eigentlich.

Was war deine Motivation, dich in der Fanarbeit zu engagieren?
Ich bin eine Person, die sich gerne beteiligt. Ich bin mit dem Verein verbunden, bin ein Teil davon und ich will aktiv mitgestalten und Impulse setzen. Mir ist das Soziale sehr wichtig. In der Gruppe arbeiten und zusammen etwas aufbauen, das ist mein Ding. Sich gemeinsam vernetzen und Räume für ganz unterschiedliche Personen schaffen, wo jede bzw. jeder sich wohlfühlen kann.

Du warst ja auch aktiv bei der Gründung des Vienna-Fandachverbands 2014 dabei?
Damals war unsere Motivation, mehr Vernetzung in der Fanszene zu schaffen, vor allem aber auch, gegenüber dem Verein ein Sprachrohr zu schaffen, um wahrgenommen zu werden. Im Laufe der Zeit haben sich ganz von selbst weitere Ziele aufgetan wie etwa die Eindämmung der Stimmübertragung bei den Generalversammlungen. 2016 haben wir das endlich geschafft. Da waren die Vorarbeiten des Dachverbands, die Sensibilisierung für das Thema überhaupt, sehr wichtig, um die demokratischen Prozesse im Verein wieder zu stärken. Die Sache kann jetzt nicht mehr so schnell zurückgenommen werden, egal wer da kommt.

Du bist ja jetzt in deiner Fanarbeit auch sehr über die Vienna hinausgegangen.
Ja, das hat 2013 angefangen, als Vienna-Fans mit Pro Supporters die Wanderausstellung „Tatort Stadion" nach Wien gebracht haben, in der Diskriminierung bzw. Antidiskriminierung im Fußballkontext thematisiert wurde. In dieser Zeit habe ich mich sehr stark mit Konstruktionen von Männlichkeit auseinandergesetzt. Damals habe ich viele Leute aus Deutschland von „Fußballfans gegen Homophobie" kennengelernt. Da konnte ich dann sozusagen andocken. Das war für mich der Beginn der Netzwerkarbeit. Dann war ich bei den Mondiali Antirazzisti und bei entsprechenden Kongressen. Es ist immer mehr geworden und ich musste schon aufpassen, dass es nicht zu viel wird. Da gibt's die Fangruppen, den Dachverband, den Fanbeirat, verschiedene Gruppen, wo man diverse Rollen einnimmt. Das ist nicht immer einfach, da geht viel Zeit drauf. Aber man bekommt auch viel zurück. Man lernt so viele liebe Leute kennen, die leidenschaftlich für dieselben Sachen kämpfen. Eben dafür, dass sich Menschen im Fußball wohl

fühlen können, egal woher sie kommen und welche Hautfarbe sie haben. Das tut so gut!

Das größte Projekt ist jetzt die Frauenvernetzung, an der du beteiligt bist? Was sind da die Ziele?
Wichtig bei „F_in, Frauen im Fußball" ist auf alle Fälle eine stärkere Vernetzung. Das habe ich gleich beim ersten Treffen gesehen. Es gibt so viele Frauen, die sich im Fußball in unterschiedlicher Form engagieren, aber teilweise gar nicht sichtbar sind. Für mich ging es auch um Vorbilder. Ich bin aus den ersten Treffen sehr gestärkt herausgegangen, um mich dann auch bei der Vienna mehr zu engagieren. Mir ist es wichtig, ein Bewusstsein zu schaffen für das Thema Sexismus im Stadion, Auseinandersetzung zu ermöglichen und natürlich auch Dinge wie sexistische Spruchbänder und Choreos zu dokumentieren.

Wie ist die Situation für Frauen im Fanblock bzw. bei der Vienna?
Meiner Meinung nach hat sich die Situation bei der Vienna in den letzten Jahren verbessert. F_in hat mir den Anstoß gegeben, die Vernetzungsarbeit im Kleinen bei der Vienna zu machen. Ich kannte viele verschiedene Frauen im Fanblock und bin am Anfang davon ausgegangen, dass die sich auch alle untereinander kennen. Aber zu meiner Überraschung war das gar nicht so. Wir haben dann begonnen, Treffen zu organisieren. Das hat sehr viel Spaß gemacht. Durch die Treffen haben die Mädels im Stadion mehr zusammengefunden und das *rude girls* in unseren Chants wird immer lauter. Der Zugang im Fanblock ist auch sehr niederschwellig. Die Leute fühlen sich schnell recht wohl und aufgenommen.

Wie siehst du das „Derby of Love"?
Prinzipiell hätte ich gerne mehr von diesen Spielen, wo der Fanblock voll ist und die Gäste auch Fans mitbringen. Die Spiele sind für mich was ganz Besonderes, durch die Vorbereitungen, die Choreos oder den Fanmarsch. Das Derby lässt sich halt auch gut vermarkten. Ich habe mir einmal ein Spiel im Fernsehen nachträglich angeschaut. Da war ich über die Aussagen des Kommentators schon sehr überrascht, der immer wieder darauf hingewiesen hat, dass bei diesem Spiel auch Frauen gefahrlos ins Stadion gehen könnten. Solche Kommentare können mir gestohlen bleiben. Ich habe keine

Angst, wo auch immer ich in Österreich ins Stadion gehe. Natürlich ist die Atmosphäre bei uns anders, aber andererseits kann es auch auf der Hohen Warte mal wild zugehen.

Was ist das Besondere an der blau-gelben Fankultur? Was ist anders?
Anders ist der Dudelsack, anders ist auch der Schmäh. Sich selbst nicht so ganz ernst nehmen und auch bei Niederlagen nicht in eine aggressive Stimmung verfallen. Es ist Fußball und wir lieben es, wir wollen niemanden bedrohen oder diskriminieren. Der positive Support ist der Kern, weil man damit der Aggressivität sofort den Wind aus den Segeln nehmen kann. Ich kann mich an eine Begebenheit erinnern, wo zwei ganz junge Buben einen Gegenspieler rassistisch beschimpft haben und ich habe gleich das Gespräch gesucht. Sie haben sich damit verteidigt, dass dies bei Austria Wien ganz normal sei. Mag ja sein, dass sowas bei Austria Wien normal ist. Bei uns sicher nicht. Da geht's nicht darum, auf die Burschen loszugehen, sondern bei ihnen ein Bewusstsein zu schaffen, wofür wir Vienna-Fans stehen.

Was bedeutet dir die Hohe Warte selbst?
Für mich ist sie eine Oase. Ich fahre auch unter der Woche oft hinauf. Da setze mich oben auf den Hügel und schaue über die Stadt. Da kann ich Kraft tanken. Das Stadion ist für mich wie ein zweites Wohnzimmer, wo ich viele liebe Leute treffe, ohne dass wir viel ausmachen müssen. Auch außerhalb der Spieltage sind Leute da, malen Choreos oder treffen Vorbereitungen für den Spieltag. Ich hoffe, es bleibt so.

Gibt's für dich Rituale am Spieltag? Gibt's Treffpunkte der Fans?
Das ist ganz unterschiedlich und kommt auch auf meine zeitliche Flexibilität an. Teile der Fans treffen sich zwei Stunden vor dem Spiel im Karl-Marx-Hof und gehen dann gemeinsam rauf. Ein Ritual von mir ist, dass ich nach dem Spiel über den kleinen Hügel durch den Wald vom Stadionbereich runter zur Heiligenstädter Straße laufe, egal in welchem Zustand ich mich befinde. *(lacht)*

Wie reagieren andere Fangruppen auf die Vienna-Fans?
Oft haben wir Besuch von Fangruppen aus dem Ausland, die einen Wien-Besuch mit einem Abstecher auf die Hohe Warte verbinden.

 Auch zu gewissen Fanklubs in Österreich gibt es sehr gute Kontakte. Ich persönlich versteh mich sehr gut mit Leuten von TeBe und von Babelsberg. Eine gute Freundin von mir ist bei 1860 sehr aktiv. Aber auch mit Leuten von Rapid versteh ich mich sehr gut. Bei mir geht's da mehr um die Leute und nicht um einzelne Fangruppen. In der Regionalliga bei Auswärtsfahrten haben sich die gastgebenden Vereine immer auf unseren Besuch gefreut. In Neusiedl etwa werden wir immer sehr gut aufgenommen. Mit uns gibt es keinen Stress und wir bringen viele Fans mit, wovon die Gastronomie profitiert. Nur Horn war ein Problem, weil sich dort die Polizei wichtigmacht. Der Auswärtssektor ist ein Käfig und die Polizei schickt dir dann auch noch Hunde in den Sektor. Ab und zu haben wir Probleme mit der Polizei und Ordnern. In Linz wollten sie den Edi seinen Dudelsack nicht in den Sektor mitnehmen lassen. Aber das konnte dann auch gelöst werden.

Du bist Vorstandsmitglied im Vienna-Fandachverband. Wie siehst du seine Rolle in der Zukunft?
Mir wäre es ein Anliegen, auf der Hohen Warte ein Turnier ähnlich dem Ute-Bock-Cup zu veranstalten, damit auch Leute dieses

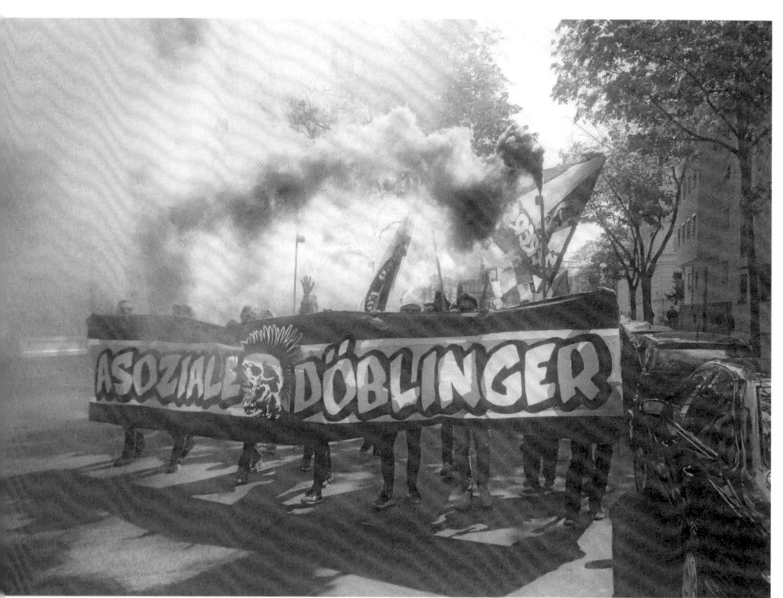

Derby-Marsch der Vienna-Fans nach Hernals.

wunderbare Stadion sehen, die sonst vielleicht nicht herkommen. Wie beim Vorbild sollen alle Einnahmen an karitative Zwecke gehen. Das wäre eine schöne Idee, dies gemeinsam mit dem Verein zu veranstalten. Ansonsten: mit unseren Themen beim Verein nicht lockerlassen. Aktuell ist der Verein in einer überaus schwierigen Situation. Es muss einfach wieder Vertrauen geschaffen werden. Im Frühjahr 2017 haben die Fans in unterschiedlichster Form dem Verein geholfen. Wir haben uns ehrenamtlich an die Kassa gesetzt oder Parkplatzdienst gemacht. Die Fans haben viel Energie ins Crowdfunding gesteckt und großzügig gespendet. Dass das Ziel so schnell erreicht wurde, war der Verdienst der Fans. Es hat uns viel Kraft gekostet. Man darf nicht vergessen, die Fanbeteiligung ist noch ein recht junges Phänomen bei der Vienna. Jahrelang wurden die Fans nicht beteiligt. Erst jetzt, in der schwierigsten Zeit, halt aus der Not heraus. Wir werden in der Zukunft sehen, wie nachhaltig die Zusammenarbeit ist.

Was würdest du dir für die Vienna in der Zukunft wünschen?
Zuerst einmal wieder ein funktionierendes Dach für unsere Tribüne. Mir ist egal, wer dafür zahlt, nur muss es passieren. Ich hoffe, es geht mit der Vienna in der 5. Liga weiter. Ich würde mir wünschen, dass die Gesprächsbasis zwischen Verein und Fans weiterbesteht und hier nicht Rückschritte gemacht werden. Langfristig muss es unser Ziel sein, jemanden aus dem Fandachverband als Fanvertreter im Vienna-Präsidium zu verankern. Generell würde ich mir eine größere Wertschätzung der Fans durch den Verein wünschen.

(Interview 1. Juni 2017)

Robert treffe ich in der Spielmanngasse, im Nachwuchszentrum der Vienna im 20. Wiener Gemeindebezirk. Wir sind beide gekommen, um uns ein Spiel der blau-gelben Fohlen anzuschauen, also unserer zweiten Mannschaft. Bevor es losgeht, finden wir noch Zeit für unser Gespräch.

Wie bist du auf die Hohe Warte gekommen?
2009 war ich erstmals auf der Hohen Warte. Freunde und ich, die in Wien studierten, suchten hier einen Fußballverein. In Oberösterreich bin ich immer zu Vorwärts Steyr gegangen. In Wien habe ich es zuerst mit Rapid und Austria versucht, aber das hat überhaupt nicht gepasst. So habe ich halt im Herbst 2009 zum ersten Heimspiel der Vienna geschaut. Freunde und ich haben uns in den Fanblock gestellt und wir sind gleich mit ein paar altgedienten Fans ins Gespräch gekommen. Vienna hat 1:3 verloren, aber der Support der Fans war ungebrochen. Unser einziges Tor ist gefeiert worden, als hätten wir die Weltmeisterschaft gewonnen. Die ganze Stimmung hat mir sofort gefallen und so bin ich auf der Hohen Warte gelandet.

Also warst du von Anfang an im Vienna-Fanblock?
Ja, ganz links unten im Eck. Im Laufe der Zeit bin ich immer weiter in die Mitte gerutscht, weil dort der Support immer besser wurde. Mein Standort war dann zumeist gleich hinter den Fangruppen. Rechts von mir die Wanderers, in der Mitte die Ponys und links von mir die alteingesessenen Anhänger. Die Aufnahme im Fanblock war absolut unkompliziert. Die Leute waren sehr kommunikativ, Schritt für Schritt habe ich so viele kennengelernt. Auch bin ich relativ schnell gefragt worden, ob ich bei Fanaktionen mithelfen will. So bin ich in die Fan-Szene sehr schnell reingewachsen.

Gab es spezielle Spiele, an die du dich gerne zurückerinnerst?
Ich erinnere mich sehr gerne an die Spiele aus der Saison 2010/11, als die Vienna im Abstiegskampf steckte. Da waren die letzten Spiele, den drohenden Abstieg vor Augen, sensationell. Natürlich die beiden Relegationsspiele gegen Parndorf. Das erste Spiel bei uns musste ja nach sintflutartigen Regenfällen abgesagt werden. Bei

der Neuaustragung am nächsten Tag, bei freiem Eintritt, wurde das Stadion richtiggehend gestürmt. Ich bin relativ spät aus der Arbeit auf die Hohe Warte gekommen und die Polizei hatte schon die Tribüne wegen Überfüllung gesperrt. Damals habe ich noch auf die Polizei gehört und bin brav auf die andere Seite gegangen. Da habe ich mich dann geärgert, weil auf der Tribüne so eine tolle Stimmung herrschte. Wir gewannen 3:0 und auf meiner Seite beschimpften die Gästefans den eigenen Trainer und die Spieler. Das war bitter.

Natürlich denke ich auch gerne an unser letztes Heimspiel im Profifußball im Mai 2014 gegen Hartberg. Durch den Lizenzverlust mussten wir runter und auch sportlich hätten wir es nicht geschafft. Trotzdem feierten nach Spielende die Fans und die Spieler gemeinsam auf den Stufen bis spät in die Nacht. Einfach einzigartig! An unseren Spielern lag es ja nicht, dass wir die Klasse nicht halten konnten. Der Verein war wirtschaftlich einfach nicht in der Lage und danach folgte Krise auf Krise. Da war für mich der Punkt erreicht, mich zu engagieren. Wir, die Fans, müssen uns stärker einbringen, um der Vereinsleitung sozusagen auf die Zehen zu steigen. Für die Mitglieder muss wieder nachvollziehbar werden, was im Verein passiert. Der Weg der aktuellen Geschäftsführung wirkt für mich sehr risikoreich. Aber zumindest steckt ein Plan dahinter, der in der Vergangenheit bei den Vorgängern nicht zu sehen war. Mich beschäftigte damals auch sehr, dass es keine ernstzunehmende Kommunikation zwischen Vereinsleitung und Fans gab.

Wie kam es dazu, dass du zum Obmann des Dachverbandes geworden bist?

Anfang 2015 wollte der damalige Obmann aufhören und es gab nicht gleich einen Nachfolger oder eine Nachfolgerin. Langsam ist in mir der Entschluss gereift, es machen zu wollen. Die Erkenntnis kam mir auf der Fahrt zu einem Turnier nach Leoben, wo wir eine Nachwuchsmannschaft der Vienna unterstützten. Damals sah sich die Vienna finanziell außerstande, den Nachwuchsspielerinnen einen Bus zu organisieren. Also haben sich Eltern und Fan-Dachverband zusammengetan und den Bus bezahlt. Ich habe dann den Obmann übernommen. Ich bin überzeugt, dass nur jemand diese Position übernehmen sollte, der bereit ist, Verantwortung zu über-

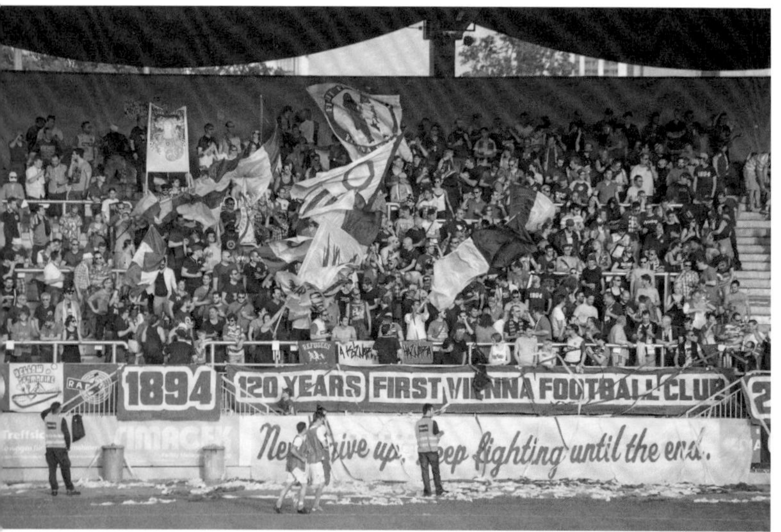

Vienna-Fanblock am 23. Mai 2014 gegen des TSV Hartberg.

nehmen. Persönlich finde ich, dass wir im Dachverband eine gute Mischung an engagierten Leuten haben. Für die Zukunft wünsche ich mir noch mehr Leute, die anpacken. Als Dachverband ist es unsere Hauptaufgabe, alle Vienna-Fans, ob in einem Fanklub oder nicht engagiert, sowie alle anderen Anhänger und Anhängerinnen von jung bis alt zu repräsentieren.

War es bei deiner Bestellung auch wichtig, dass du nicht aus einem der Fanklubs kommst?
Ja, durchaus. Was ich aber am Anfang als einen kleinen Nachteil sah, weil mir teilweise noch die Kontakte fehlten. Aber da bin ich sofort unterstützt worden. Nach und nach habe ich dann die Vorteile gesehen. Ich kann weitestgehend neutral auf alle Gruppen im Block zugehen. Gleichzeitig können mich auch die Funktionäre der Vienna nicht in eine Schublade stecken, so wie sie es vielleicht bei einem Fanklubmitglied gemacht hätten. Auch kann gerade mein Engagement der falschen Vorstellung entgegenwirken, dass die Fanklubs im Fandachverband bestimmen. Jede und jeder sind herzlich eingeladen, mitzuwirken und sich zu engagieren. Die heterogene Mischung, im Dachverband wie im Fanblock, ist für mich sehr wichtig.

Was bedeutet dir das Stadion Hohe Warte?
Es ist einfach ein traumhaft schöner Platz. Vor allem, wenn man immer wieder auf der Anlage unterwegs ist, lassen sich tolle Platzerln finden. Zwar ist die Anlage schon in die Jahre gekommen – aber bitte niemals umbauen in eines der seelenlosen Stadien der heutigen Zeit! Das hätte für die Vienna auch überhaupt keinen Sinn, weil uns ja die Zuschauer nicht gerade die Tür einrennen. Das ganze Rundherum ist einfach einzigartig. Es gibt wenig Polizei am Platz und man kann sich am Spiel erfreuen und die Mannschaft unterstützen. Auch die Anbindung ist sensationell. Wenn man mit der U-Bahn nach Heiligenstadt kommt, durchquert man am Weg zum Platz den Karl-Marx-Hof. Plötzlich öffnet sich der Blick und man steht im Grünen, vor dieser Anlage, ein Traum! Jeder, der zum ersten Mal auf die Hohe Warte kommt, ist überwältig von diesem Spielort.

Was zeichnet für dich die blau-gelbe Fankultur aus?
Zuallererst einmal der positive Support und unsere selbstironischen Gesänge. Niemand, ob Schiedsrichter, Gästespieler oder Fan, wird bei uns angepöbelt. Ab und zu gibt's natürlich Pfiffe, aber es bleibt alles im Rahmen. Im Fanblock ist es immer lustig. Man kann mitsingen oder auch nicht. Wir stehen für eine ganz spezielle Fankultur. Von den englischen Chants bis zu unseren legendären Choreografien gibt es bei uns die gesamte Bandbreite, sei es die „Wario"-Aktion oder die Choreo über die gesamte Tribüne. Nur eine Handvoll Fangruppen in Österreich können solche Aktionen umsetzen. Viel kommt auch von der Mannschaft zurück. Wir tauschen uns aus. Viele unserer Spieler sind an unseren Aktionen sehr interessiert. Vor allem kommen sie auch nach schlechten Spielen, weil sie wissen, dass wir immer korrekt miteinander umgehen werden. Natürlich sind wir nicht blauäugig und wissen schon, dass niemand nur wegen der Fankultur bei der Vienna spielt. Aber auch ehemalige Spieler sind bei uns auf der Hohen Warte immer gerne gesehen und sie wissen das auch.

Gerade unsere Choreos haben die Wahrnehmung der Vienna-Fans national wie international gesteigert. Allein 500.000 haben sich im Netz unser Video zur „Wario"-Aktion angeschaut. Auch wenn viele von ihnen vorher wahrscheinlich noch nie von der Vienna gehört haben. Andere Fangruppen holen sich Anregungen bei uns, genauso wie wir uns Aktionen anderer anschauen und uns davon inspirieren lassen. Entsprechend ernten wir Respekt und Anerkennung in der Szene. Dabei darf man nicht vergessen, dass wir eine vergleichsweise kleine Szene sind, die trotzdem solche Dinge auf die Beine stellen kann. Meiner Meinung nach herrscht im heutigen Fußball schon eine gewisse Übersättigung vor. Da heben wir uns mit unserer Mischung aus Fankultur und Aktionismus schon ab. Solch eine Mischung gibt es nur bei uns.

Wie reagieren andere Fans bzw. Fangruppen auf den blau-gelben Support?
Das Echo ist eigentlich überall sehr gut. Viele unserer Gegner freuen sich, wenn die Vienna-Fans im Anrollen sind. Mit uns machen die örtlichen Kantinen immer ein gutes Geschäft. Man darf nicht vergessen, dass es in unserer Liga leider die Ausnahme ist, dass Auswärtsfans kommen. Vor allem muss sich vor uns niemand fürchten.

Wie siehst du die Entwicklung des Fandachverbands seit 2014?
Die Entwicklung sehe ich insofern positiv, als wir bei den Vienna-Fans vollkommen anerkannt sind. Darüber hinaus würde ich mir wünschen, dass sich noch mehr Leute als bisher beteiligen. Wenn schließlich etwas bei der Vienna in den letzten Jahren funktioniert hat und vor allem auch von außen als positiv wahrgenommen wurde, dann war das die Fanszene. Sich nicht zurückzulehnen und zu denken, die machen das schon, sondern selber Verantwortung zu übernehmen – das würde ich mir noch von mehr Leuten wünschen. Aber dazu braucht es Engagement und vor allem Zeit. Mich ärgert ein wenig, dass es sich immer auf eine gewisse Anzahl von Leuten reduziert, die engagiert Dinge umsetzen. Da müssen wir uns breiter aufstellen. Wir sehen es ja bei unseren Mitgliederzahlen. Wenn die Vienna sich in einer Krise befindet, schnellen unsere Mitgliederzahlen hinauf. Wenn es ruhiger wird, dann gehen die Zahlen wieder hinunter. Vielleicht müssen wir auch bessere Strategien entwickeln, wie wir noch mehr Leute einbinden können.

Wo siehst du den Dachverband in der Zukunft?
Eine großartige Strategie für die Zukunft habe ich nicht, aber wir haben schon viel erreicht. Ein Meilenstein für uns war die Einrichtung des Fanbeirats als Kommunikationsplattform zwischen Verein und organisierter Fanszene. Darüber hinaus wollen wir natürlich

noch weitere Schritte gehen. Erstens brauchen wir auf dem Gelände der Hohen Warte einen Fanraum. Und zweitens wollen wir noch weiter als bisher in die Vereinsinstitutionen eindringen. Das sind für mich realistische Ziele, die wir erreichen können.

Wie siehst du die derzeitige Zusammenarbeit mit den Vereinsverantwortlichen?
Die Zusammenarbeit ist für mich intakt. Der direkte Kontakt zwischen mir als Fandachverbandsobmann und Vereinsleitung hat sich eingespielt und funktioniert. Das war in der Vergangenheit nicht so. Da gab es wenig bis gar keine Kommunikation. Gleichzeitig können sich die Verhältnisse bei der Vienna wieder schnell verändern. Jetzt gibt es für die Vereinsführung mit dem Dachverband einen klaren Ansprechpartner auf Fanseite. Dies sollte eigentlich das gegenseitige Vertrauen stärken. Gerade die Vereinsführung hat in der letzten Zeit gesehen, dass wir Dinge umsetzen und Handschlagqualität haben. Gleichzeitig gibt es für uns auch Grenzen. Wir haben in der Notsituation des drohenden Konkurses viele Dinge für den Verein übernommen. Aber wir erwarten jetzt, dass der Verein seine Aufgaben wieder in den Griff bekommt. Wir sind keine kostenlose Personalreserve für den Verein.

Was würdest du dir allgemein für die Vienna in der Zukunft wünschen?
Für die Zukunft brauchen wir genau das, was dem Verein in den vergangenen Jahren immer gefehlt hat, nämlich Stabilität. Ich erwarte mir für die Zukunft, dass realistische Ziele verfolgt werden. Als Fan will ich das Gefühl haben, dass der Verein sich in guten Händen befindet. Wir, die Fans, nehmen in gewisser Weise eine Kontrollfunktion ein. Nach innen wie nach außen soll der Verein als verlässlicher Partner auftreten. Keine Luftschlösser, keine unrealistischen Ziele mehr! Mit Blick auf die Vergangenheit muss man klipp und klar sagen, dass einige Dinge passiert sind, die kompletter Wahnsinn waren und dem Ansehen des Vereins immens geschadet haben. Gerade auch jetzt unmittelbar.

Gibt's für dich irgendwelche Rituale am Spieltag?
Nein, habe ich eigentlich nicht. Was vielleicht in die Richtung geht, ist für mich der Infostand des Vienna-Fandachverbands, an dem ich

mich engagiere. Vor Spielanfang kommen da viele Fans zusammen und schauen, was es Neues gibt. Der Infotisch ist auch Anlaufstelle für viele der ausländischen Besucher, die auf die Hohe Warte kommen. Da kommt man schnell ins Gespräch. Das ist sozusagen mein Ritual, und dann fünf Minuten vor Spielbeginn auf der Tribüne sein.

Wie siehst du die Spiele gegen den Wiener Sport-Club?
Als ich zur Vienna kam, spielten beide Vereine in unterschiedlichen Ligen. So gab es nur Freundschaftsspiele gegeneinander. Schon die waren sehr stimmungsvoll. Ich hörte viele Geschichten und habe mir viele Videos über die Derbys im Netz angeschaut. Am Anfang hatte ich noch keinen persönlichen Kontakt zu Wiener Sport-Club Fans. Mein erstes Derby in der Meisterschaft war an unserem 120. Geburtstag, wo ich erstmals über 7.000 Zuschauer auf der Hohen Warte erlebte. Das Spiel war ein mattes, torloses Unentschieden, aber die Stimmung von beiden Fanseiten war einzigartig. Nach dem Spiel habe ich noch mit vielen Wiener Sport-Club-Fans gesprochen, die sich freuten, dass wir wieder in derselben Liga spielen und die für die Hohe Warte schwärmten. Das nächste Derby war dann unser fulminanter 5:3 Sieg auswärts. Vor dem Spiel haben sich 250 Vienna-Fans vor der S-Bahnstation Hernals versammelt und sind unter lauten Gesängen zum Stadion marschiert. Die blaue Auswärtstribüne in Dornbach ist wie gemacht für uns, sehr kompakt, und wir füllen diese ja immer spielend. Durch unseren Zwangsabstieg ist es aktuell leider erst einmal vorbei mit den Derbys unter Wettkampfbedingungen.

Ich weiß, dass von bestimmen Kreisen in der Fanszene das Label „Derby of Love“ kritisiert wird. Aber mir gefällt der Slogan, auch weil er funktioniert. Man kann jedem, der die Spiele nicht kennt, mit diesen drei Wörtern die Besonderheit dieser Spiele erklären. Das positive Fest miteinander steht im Vordergrund, wo jeder die einzigartige Stimmung genießt. Jeder versucht einen guten Support zu machen, obwohl man von den Sport-Club Fans im eigenen Stadion wenig hört. Es ist natürlich auch nachvollziehbar, dass die Kommerzialisierung der Spiele kritisch gesehen wird. Trotzdem sind das für mich die Spiele der Saison. Großartig und wunderbar, aber verlieren möchte man trotzdem nicht.

(Interview 11. Juli 2017)

Ich bin zu Besuch bei Annika und Jan in ihrer Wohnung in Döbling. Vor dem Gespräch gibt's noch wunderbare Pasta mit Ragout und Champignons.

Wie seid ihr beide auf die Hohe Warte gekommen?
Annika: Seit 2007 gehe ich auf die Hohe Warte. Ich komme aus Wien und bin jahrelang zu Rapid gegangen. Aber als Frau war es oft recht nervig dort und ich bin dann irgendwann nicht mehr hingegangen. Auf die Hohe Warte hat mich ein Freund mitgenommen. Während er nur zweimal da war, bin ich hängen geblieben, weil ich gleich von der Fan-Szene fasziniert war. Ich habe schnell Anschluss gefunden und bin sofort aufgenommen worden.
Jan: Auch ich bin sozusagen auf die Hohe Warte mitgenommen worden. Das war so vor vier Jahren. Ich komme aus Düsseldorf und bin als Kind zur Fortuna gegangen. Dann habe ich aktiv Basketball gespielt und war weg vom Fußball. Tatsächlich bin ich dann über Fankultur, als Konzept der Jugendkultur, wieder zum Fußball gekommen. Dann war ich wieder regelmäßig bei der Fortuna. Dann hat es mich nach Prag verschlagen, wo ich im Fußballumfeld viel erlebt habe. Als ich dann nach Wien kam, brauchte ich natürlich wieder einen Fußballverein. Da bin ich auch über einen Freund auf die Hohe Warte gekommen. Schnell war klar, dass ich hierbleibe.

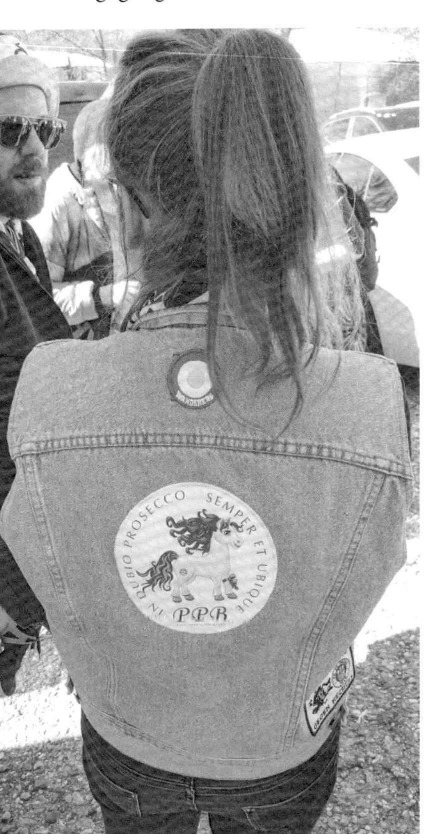

„In dubio prosecco": Die Plüsch Pony Bande, einer der neuen Fanclubs auf der Hohen Warte.

Wo waren am Anfang eure Plätze im Stadion?
Annika: Am Anfang stand ich im Fanblock bei den Kojoten. Es gibt ja nicht so viele Frauen im Stadion, aber ich habe mich gleich mit Kerstin und Elisabeth sehr gut verstanden. Mit der Zeit lernt man die Leute kennen. Als sich die Vienna Wanderers gründeten, haben wir schnell danach die Plüsch Pony Bande ins Leben gerufen. Wir verstehen uns sozusagen als Prosecco-Hooligans und wollen damit die männlich dominierte Fankultur durch den Kakao ziehen. In der blau-gelben Fan-Szene kann man sich schnell einbringen und heute kann ich mir Fußball ohne unsere Aktivitäten gar nicht mehr vorstellen. Wenn man sich die unmittelbare Vergangenheit der Vienna anschaut, braucht man als Fan schließlich eine gesunde Portion Masochismus. Die gemeinsamen Aktivitäten machen dabei die Situation erträglicher. Unsere Choreos sind sozusagen Maltherapie und deshalb fallen sie auch immer wieder so groß aus.
Jan: Wie schon erwähnt, habe ich mich gleich wohlgefühlt und habe mich den Vienna Wanderers angeschlossen. Ausschlaggebend waren dabei einerseits die vielen Aktivitäten, andererseits der egalitäre Anspruch der Szene. Da brauchen wir uns im Vergleich zu anderen Fangruppen, etwa aus der deutschsprachigen Ultraszene, überhaupt nicht zu verstecken. Viele Elemente aus dieser Subkultur sind bei uns vorhanden. Gleichzeitig gibt aber auch Einflüsse des britischen Stils. Wir brauchen keinen Vorsänger oder Vorsängerin. Unsere Lieder werden von unterschiedlichen Personen im Block einfach angestimmt und dann vom Rest aufgenommen. Das hat natürlich mit der Größe und der Entwicklung der Fan-Szene zu tun. Gleichzeitig eint uns aber auch ein über den Fußball hinausgehender Anspruch. Etwa bei unserem Engagement gegen Nazis oder gegen Sexismus und Homophobie. Diesem gesamten gesellschaftlichen Dreck, der über uns hinwegschwappt, wollen wir kollektiv etwas entgegensetzen.

Was war eure Motivation, euch in der Fanarbeit zu engagieren?
Annika: Ich bin ein Mensch, der sich in vielen Lebensbereichen einbringt. Ich liebe die Vienna und fühle mich in unserem Fanblock extrem wohl. Da ist es für mich eine Selbstverständlichkeit, etwas zurückzugeben. Die Vienna ist schon durch viele Krisen gegangen. Der Anlass zur Gründung des Fan-Dachverbandes war ja auch wieder einmal eine Krise. Ich möchte mir nicht später einmal vor-

werfen müssen, ich hätte nicht alles probiert. Für mich persönlich wäre es eine Katastrophe, diesen Ort zu verlieren. Ich brauche das. Es gehört zu meinem Leben, am Freitag zum Fußball zu gehen. Ich kann mir einfach nicht vorstellen, dass es die Vienna einmal nicht mehr geben könnte. Außerdem macht es halt auch so viel Spaß. Da kommt ja alles zusammen, wofür ich stehe! Es ist eine irrsinnige Bereicherung für mich.
Jan: Mir geht es genauso. Der Fußball ist tief verwurzelt in der Gesellschaft und ich komme aus einem Umfeld, wo gesellschaftspolitisches Engagement wichtig war und ist. Deshalb ist es für mich wesentlich, gerade im Fanumfeld Räume zu besetzen und mit eigenen Ideen zu füllen. In vielen Stadien leben weiße Männer ihren Hass auf der Tribüne aus. Wir haben eine andere Vorstellung davon, wie wir diesen Raum gestalten wollen. So war es für uns zum Beispiel wichtig, im Sommer der Emigration ein Statement im Stadion mit „Refugees Welcome" zu setzen – es aber dann nicht dabei zu belassen, sondern in der Folge Geflüchtete immer wieder auf die Hohe Warte einzuladen. Der Dachverband ist unsere Chance, über das subkulturelle Spezifikum der Fußballfans hinaus auf wichtige Themen aufmerksam zu machen. Unter Einhaltung aller Werte, für die wir stehen und die übrigens auch in den Vereinsstatuten festgeschrieben sind, soll der Dachverband für alle Fans da sein.

Ihr seid beide im Vorstand des Fandachverbands. Wie seht ihr seine Rolle in der Zukunft?
Annika: In der Vergangenheit hat der Dachverband den Verein auf unterschiedliche Art unterstützt. Für mich soll er aber ein Gegengewicht zur Vienna-Vereinsführung bleiben. Daher müssen wir aufpassen, dass er nicht vereinnahmt wird. Da müssen wir uns auch viel stärker positionieren. Gleichzeitig müssen wir aber auch über den Vienna-Tellerrand hinaus mehr Angebote setzen, damit der Fanzusammenhalt weiter wachsen kann. Gerade dafür sind eben Aktivitäten auch außerhalb des Stadions sehr wichtig.
Jan: Ja, wir wollen gegenüber der Vienna sozusagen als Fan-Gewerkschaft auftreten. Zwei wichtige Erfolge für uns waren einerseits die Einschränkung der Stimmenübertragung bei der Vereinsgeneralversammlung und andererseits die Einrichtung des Fanbeirates. Vor dieser Einschränkung waren die demokratischen Strukturen ja praktisch erloschen. Jetzt darf man nur eine weitere Person mit ei-

ner entsprechenden Vollmacht vertreten. So ist der „Stimmenkauf" der Vergangenheit endlich beendet.

Annika: Es ist bezeichnend, dass wir uns über etwas freuen, das eigentlich bei einem Mitgliederverein selbstverständlich sein sollte.

Jan: Da merkt man halt die Widrigkeiten in dieser modernen Fußballwelt. Mit dem Fanbeirat gibt es jetzt ein in den Vereinsstatuten verankertes Gremium, in dem unter anderem Fananliegen mit dem Vereinsvorstand besprochen werden. Leider hat dies in der Vergangenheit nicht so gut funktioniert. In der Krise haben wir Fans dem Verein sehr unter die Arme gegriffen. Etwa haben wir Kassa- und Parkplatzdienst übernommen und die Fananliegen zurückgestellt. Aber jetzt müssen wir wieder auf den klassischen Weg der Zusammenarbeit zurückfinden. Es war ein großer Erfolg für uns, dass erstmals Fanvertreter in den Vienna-Aufsichtsrat eingezogen sind. Ich hoffe nun, dass das vom Präsidium gegebene Versprechen über mehr Transparenz endlich eingelöst wird. Da muss der Dachverband dranbleiben und das Präsidium immer wieder an seine Versprechen erinnern. Wir selbst müssen uns auch wieder stärker auf Fananliegen konzentrieren, um so neue Leute auf die Hohe Warte zu bringen. Dafür ist der Dachverband die richtige Anlaufstelle.

Annika: Zumal die letzten Jahre aus finanziellen Gründen sehr frustrierend waren. Ich habe einfach gemerkt, wie kräftezehrend das letzte Jahr für mich, aber auch für viele andere war. Vielleicht können wir uns als Fans durch gemeinsame Aktivitäten wieder mehr Mut und Kraft geben.

Was bedeutet für euch die Hohe Warte?

Jan: Die „heilige" Warte …

Annika: Sag sowas bitte nicht, das kommt von den Vienna Vikings.

Jan: Okay, klar! Für mich war die Hohe Warte von Anfang an etwas Besonderes. Ein zweites Wohnzimmer und durch seine geschichtliche Implikation ein wirklich toller Ort. Einerseits verortet in einem großbürgerlichen Bezirk, andererseits in unmittelbarer Nähe zum Karl-Marx-Hof mit seiner kämpferisch-proletarischen Geschichte, den man jedesmal durchquert, wenn man vom Bahnhof Heiligenstadt zum Stadion kommt. Diese Kontraste gehören eben dazu. Neben dem Historischen ist es aber auch gleichzeitig ein lebendiger Ort. Das zu verlieren wäre natürlich eine Katastrophe.

Annika: Für mich ist die Hohe Warte ein extrem magischer Ort. Wenn ich laufen gehe, dann gehört ein Besuch auf der Hohen Warte immer dazu. Auf meiner Runde mache ich immer einen Abstecher hin. Ich setze mich kurz auf die Naturtribüne und schaue hinunter auf Heiligenstadt. Wenn die Anlage dann ganz ruhig daliegt, hat das für mich einen speziellen Zauber. Da kann ich mir vorstellen, wie früher hier zigtausend Menschen gestanden sind. Es ist wunderschön und ich kenne kein vergleichbares Stadion. Mir geht's ähnlich wie Jan am Spieltag. Da bin ich dann schon den ganzen Freitag aufgeregt. Ich weiß nicht, welcher Weg zum Stadion mir lieber ist. Ob von oben von der Barawitzkagasse oder von unten durch den Karl-Marx-Hof. Ich mag beide. Es würde mein Herz brechen, wenn eines Tages dort Häuser stünden. Wenn jeder Quadratzentimeter zubetoniert ist für gestopfte Leute, die kein Interesse am Fußball haben. Während für uns dieser Ort so aufgeladen ist mit Emotionen und Geschichten, mit einer kollektiven Erinnerung, die uns an diesen Ort bindet. Das verstehen unsere Vereinsoffiziellen nicht. Die Vienna selbst oder die Hohe Warte sind keine Ware, auch kein potenzielles Immobiliengrundstück, sondern ein Ort, an dem Geschichte geschrieben wurde und wird. Falls dieses Areal jemals verbaut wird, werde ich niemals wieder einen Fuß in diese Ecke des Bezirks setzen. Nie wieder, weil, das würde ich nicht packen!
Jan: Die Hohe Warte ist natürlich nicht mit einer modernen Fußballarena mit angefügtem Einkaufszentrum vergleichbar. Sie ist ein offenes Areal, etwas rau auch mit vielen wilden Ecken.
Annika: Wir sind auch in unserer Freizeit viel dort. Man sitzt zusammen, malt Choreos, trinkt sein Bier und bestellt sich eine Pizza ins Stadion. Dann isst man Pizza und schaut dabei aufs Spielfeld. Das ist doch traumhaft! Mir ist auch wichtig, dass die Hohe Warte kein modernes Fußballstadion ist, wo die Leute sitzen und konsumieren sollen, sondern eben ein offenes Stadion für alle. Nicht nur wir sind in unserer Fankultur offen, sondern auch der Ort selbst. Das ist genau das, was für mich die Hohe Warte ausmacht.

Habt ihr Rituale am Spieltag oder eine spezielle Anreise?
Annika: Eigentlich nicht. Ich komme entweder noch vorher nach Hause oder fahre eben direkt von der Arbeit ins Stadion. Nehme meine Ponys und das Plüschfell für den Wellenbrecher mit. Jan besorgt dann meistens noch Konfetti. Im Prinzip hängt mein Gewand

immer bereit. Aber richtige Rituale gibt's nicht. Wenn vorher noch wirklich Zeit ist, dann schaue ich noch zum Treffpunkt in den Karl-Marx-Hof. Letzte Saison war das nicht möglich, weil ich sehr viel Parkplatzdienst gemacht habe. Das war oft stressig, vom Parkplatz rechtzeitig zum Anpfiff auf meinen Platz zu kommen. Ich bin da heikel. Da muss unser spezieller Bereich, die *very important pony-zone* schon vorbereitet sein. Plüsch über dem Wellenbrecher und die Ponys an den Ecken.

Jan: Na, das ist doch dein Ritual!

Annika: Ja, vielleicht. Da muss ich mein Bier schon in der einen Hand haben und die Konfettipistole in der anderen. Die Vorfreude ist etwas ganz Spezielles. Früher, wie ich niemanden kannte, war ich höchstens zehn Minuten vor Spielbeginn da. Jetzt bin ich oft schon eine Stunde vorher da und nach dem Spiel geht es immer noch ins Stüberl. Das ist auch so ein Ritual von mir.

Jan: Wir Fans haben dem Verein gerne unter die Arme gegriffen. Da bleiben die eigenen Rituale mitunter auf der Strecke. Die sind aber sehr wichtig, etwa der Treffpunkt vor dem Spiel im Karl-Marx-Hof. Man muss auch sagen, dass uns unsere Tribüne sehr abging. Die Stahlrohrtribünen auf der Naturseite sind einfach nicht vergleichbar, so schön die Naturseite ist. Da tut es schon weh, vom Naturhang auf die derzeit nicht benutzbare Tribüne zu schauen. Für mich gibt es kein individuelles Ritual, aber mir sind kollektive Rituale, die sich entwickelt haben, sehr wichtig.

Wenn ihr an besondere Spiele im Zusammenhang mit der Vienna denkt?

Annika: Natürlich damals das Spiel gegen Hartberg mit der Stufenparty, ein absolut verrückter Abend. An das Spiel selber kann ich mich gar nicht mehr erinnern, aber die Feierlichkeiten haben sich mir so tief eingeprägt. Wir sind so abgegangen, als hätten wir gerade die Weltmeisterschaft gewonnen. Es wurde gelacht, geschrien und geheult. Als hätte man sich eine große Last von der Seele gesungen, gefeiert und getanzt. Das ist definitiv einer der Abende auf der Hohen Warte, die ich nie vergessen werde. Aber auch mein erstes Derby gegen den WSC hat mir sehr getaugt. Damals war ich noch recht frisch dabei und habe mich mit meinem Vienna-Schal mitten auf die Friedhofstribüne gestellt. Mitten unter den WSC-Fans zu stehen, war einfach witzig. Ich war sozusagen der Farb-

tupfer in dem Grau auf der Friedhofstribüne. Von dort konnte ich auch gut hören, wie viel lauter die Vienna-Fans im Auswärtssektor gegenüber waren. Ich fand das lustig, und dass so was überhaupt möglich ist, das ist schon ganz besonders.
Jan: Ja, die Stiegenparty war ganz speziell. Ähnlich ging es mir bei der Meisterfeier zum Regionalligatitel 2016 oder bei einigen Spielen gegen den WSC. Das war immer sehr emotional und wir haben ja auch viele schöne Siege gefeiert und tolle Choreografien gemacht. Allgemein kann ich mich an viel mehr Momente erinnern, die wir mitgestaltet haben, als an einzelne Spiele oder Spielsituationen. An die ganzen Choreos, wie die legendäre „Wario"-Sache, oder als wir die ganze Tribüne überspannt haben. Diese Momente gemeinsam zu erleben, ist für mich eine ganz zentrale Sache. Aber persönlich der schönste Spieltag auf der Hohen Warte war der Tag, an dem ich Annika zum ersten Mal geküsst habe.
Annika (lacht laut): Ein Romantiker, die Karte von damals hängt eh noch an der Wand.
Jan: Die Hohe Warte ist halt ein Ort, an dem man sich in den Fußball verlieben kann. Aber man kann sich auf der Hohen Warte eben auch verlieben *(lacht).*

Wie seht ihr das „Derby of Love"?
Annika: Für mich kein idealer Name. Es geht zuallererst um Fußball und wir spielen nicht gegeneinander, weil wir uns so liebhaben. Sportlich betrachtet ist der WSC ein Gegner wie alle anderen. Unter uns Fans gibt es halt viele, die Freundschaften untereinander pflegen. Für mich ist es ein Fußballfest. Ich stehe voll drauf, nach dem Spiel Freunde zu treffen. Etwas gemeinsam zu trinken, sich über das Spiel zu unterhalten und sich auch gegenseitig zu verarschen. Ich genieße diese Spiele sehr. Wir fühlen uns auf der blauen Auswärtstribüne in Dornbach sehr wohl. Großes Manko allerdings, es gibt dort nur *eine* Toilette für Frauen.
Jan: Über den Begriff ist schon viel geschrieben und gesagt worden. Von beiden Fanszenen ist er auch in dieser Weise, wie er ausgeschlachtet wird, zurückgewiesen worden. Diese ganzen Plattitüden, die in der Presse breitgetreten werden, sind natürlich entbehrlich. Auch wird suggeriert, dass der Fußball selbst zur Nebensache bei dem Spiel wird. Das stimmt natürlich so nicht. Aber nur mit den Fans vom Wiener Sport-Club ist es für uns möglich, eine Choreo-

grafie für Fußballfans gegen Homophobie zu machen. Natürlich teilen wir gemeinsame Werte. Gleichzeitig wollen wir aber das Derby gewinnen und natürlich ist oft auch Feuer drin. Es ist wichtig, dass man sich verarschen kann und nicht gleich eine auf die Nase bekommt.

Bei all dem, was verbindend ist, gibt es aber auch große Unterschiede. Unser Supportstil ist anders und viel lebendiger. Bei ihnen ist halt der Friedhof sozusagen Programm. Manchmal fehlt ihnen auch der Humor und sie verstehen nicht, wenn sie auf den Arm genommen werden. Wichtig ist aber, dass bei unseren Spielen eine positive Fußballatmosphäre entsteht. So sehr man über die Eventfans beim Derby schimpft: Viele kommen, weil es halt dieses gesellschaftliche Fest im positiven Sinne ist. Das macht das Derby aus.

Annika: Deshalb stört mich der Name auch nicht. Die WSC-Anhänger und wir wissen eh, um was es geht. Bis zu einem gewissen Grad ist es sehr wichtig, dass die Medien über das Spiel und unsere Fankulturen berichten. So können wir auch Themen wie Homophobie platzieren. Unsere Choreo zum Thema ist bei der TV-Übertragung gezeigt worden. Das war die Chance, größere Aufmerksamkeit zu bekommen.

Jan: Für mich hat das Derby weniger mit Liebe als mit gegenseitigem Respekt zu tun. Ich habe großen Respekt vor den FreundInnen der Friedhofstribüne und davor, was sie alles auf die Beine stellen. Gleichzeitig kommen sie mir dann aber doch oft wie eine NGO vor. Unsere Fan-Szene ist da weitaus lebendiger. Was mich allgemein stört, ist die mediale Inszenierung der Spiele. Da wird unser Derby als das gute Derby im Gegensatz zum bösen Großen Derby dargestellt. Als wären dort nur Krawallmacher und bei uns haben sich alle lieb. Dagegen verwehre ich mich, weil ich mich nicht fanpolitisch vereinnahmen lasse.

Was wünscht ihr euch für die Vienna in der Zukunft?

Annika: Ein Dach über dem Kopf, allgemein den Erhalt der Hohen Warte und vielleicht auch mehr Demut. Deine Frage erinnert mich an meine Interviews mit armutsbetroffenen Menschen. Wenn ich meine Gesprächspartner frage, was sie für Träume und Wünsche an die Zukunft haben, können sie diese Frage gar nicht beantworten, weil der tagtägliche Überlebenskampf gar keinen Blick auf die Zukunft zulässt. Mit Blick auf die Vienna fühle ich mich genauso,

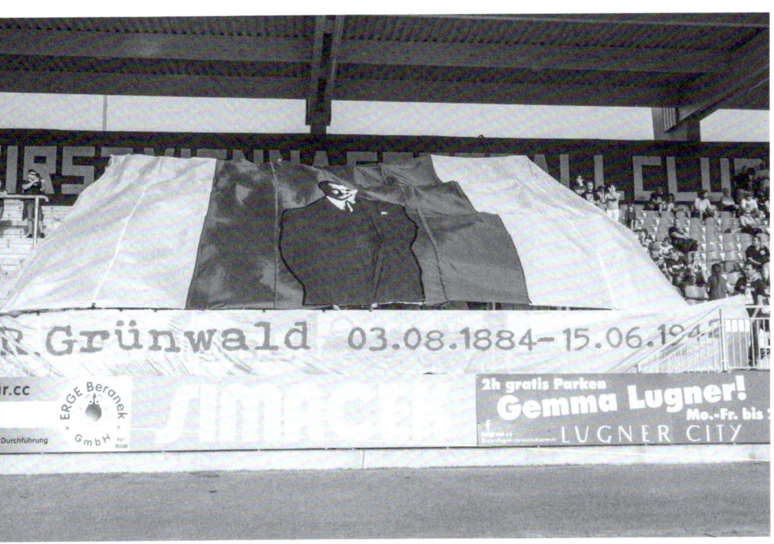

Gedenkchoreo für Rudolf Grünwald vom 8. Juni 2016 auf der Hohen Warte.

weil der Verein seit 2014 permanent mit einem Fuß im Grab steht. So fällt mir gerade auch aufgrund der derzeitigen Situation eine Antwort sehr schwer. Ganz pragmatisch wünsche ich mir, dass es mit der Vienna auf der Hohen Warte weitergeht.

Jan: Finde ich auch schwer zu beantworten. Ich hoffe zuerst einmal überhaupt, dass die Vienna weiter eine Zukunft hat. Wir wollen wieder auf unsere Tribüne zurück. Auch wünsche ich mir mehr Einflussmöglichkeiten von Fanseite auf den Verein. In diesem Zusammenhang ist Demut ein wichtiges Wort. Bei der Vienna werden immer Luftschlösser gebaut und ambitionierte Pläne verfolgt. Obwohl die wirtschaftliche Grundlage dafür fehlt. Da wäre weniger Businessgehabe und mehr Offenheit wichtig. Wir sind zwar loyale, aber auch unbequeme Fans. Wir stehen für mehr als nur Fußball. Ich wünsche mir einfach Stabilität, die uns allen wieder die Möglichkeit gibt, positiv in die Zukunft zu schauen und unser kreatives Potenzial gemeinsam auszuleben. Endlich einmal vom Denken wegzukommen, dass es morgen schon vorbei sein kann.

(Interview 29. November 2017)

Viennalia

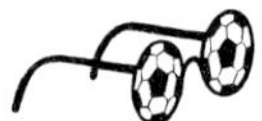

Österreichischer Meister (6): 1931, 1933, 1942[1], 1943, 1944, 1955.
Österreichischer Cupsieger (3): 1929, 1930, 1937.
Deutscher Pokalsieg (Tschammerpokal) (1): 1943
Challenge Cup-Sieger (2): 1899, 1900.
Mitropapokal-Sieger (1): 1931
Wiener Stadthallenturnier-Sieger (1): 2009

1 Die Gauligatitel (1941/42; 1942/43; 1943/44) werden offiziell als österreichische Meistertitel geführt.

69 Saisonen in der obersten Spielklasse (1911/12 – 1913/14, 1919/20 – 1967/68, 1969/70 – 1973/74, 1976/77 – 1979/80, 1982/83, 1984/85, 1986/87 – 1991/92).
7 Abstiege aus der obersten Spielklasse (1913/14, 1967/68, 1973/74, 1979/80, 1982/83, 1985/85, 1991/92).
6 Aufstiege in die oberste Spielklasse (1918/19, 1968/69, 1975/76, 1981/82, 1983/84, 1985/86)

Stadion Hohe Warte (I): 6 Länderspiele (1908 – 1912)
Stadion Hohe Warte (II): 35 Länderspiele (1922 – 1936)
Höchster Sieg in der Meisterschaft: 18:0 (10:0) gegen Ostbahn XI, 11. November 1945.
Höchste Niederlage in der Meisterschaft: 0:9 (0:4) gegen SK Rapid Wien, 1. Oktober 1950.
Höchste Zuschauerzahl auf der Hohen Warte (II): 75.000 Zuschauer, 15. April 1923, Länderspiel Österreich-Italien 0:0.
Höchste Zuschauerzahl auf der Hohen Warte (Meisterschaft): 50.000 Zuschauer, 15. Oktober 1922, 4:2 (3:0) über SC Hakoah
Niedrigster Besuch auf der Hohen Warte: 150 Zuschauer, 4. November 1995, 1:0 (0:0) SAK Klagenfurt.

Rekordspieler (Meisterschaft):
Karl Koller, 452 Spiele (1949 – 1966)
Rekordtorschütze (Meisterschaft):
Karl Decker, 252 Tore (1938 – 1952)
Rekordtrainer (Meisterschaft):
Friedrich „Fritz“ Gschweidl, 201 Spiele (1935 – 1938, 1941 – 1948)

Kleines Derby (seit Einführung der Meisterschaft 1911/1912)
Gegen den Wiener Sport-Club: 147 Spiele (1911 – 1995):
56 Siege/32 Unentschieden/59 Niederlagen.
Gegen den Wiener Sportklub[2]: 19 Spiele (2001 – 2016): 6 Siege/
7 Unentschieden/6 Niederlagen.

---

2 2002 – 2017 übernahm der Wiener Sportklub den Spielbetrieb für den Wiener Sport-Club.

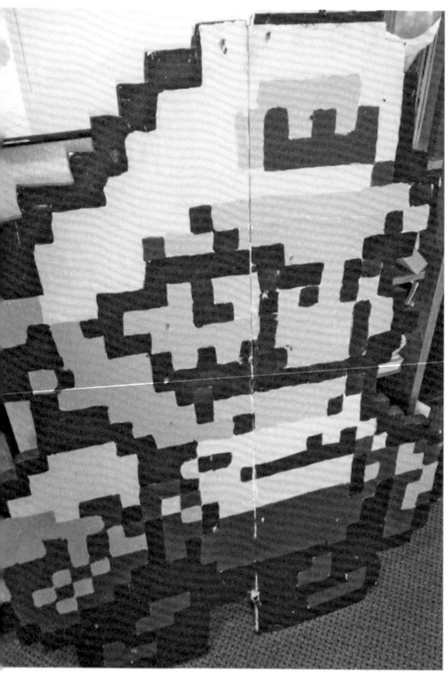

„Vienna V-ario“: Hauptdarsteller einer legendären Choreo und heute ein angenehmer Mitbewohner.

BLAU-GELB IST MEIN HERZ

(Melodie nach ‚The Battle Hymn of the Republic' (Glory Glory Hallelujah)

Blau-gelb ist mein Herz ich sterb' in Döbling (3×)
Blau-gelb ist mein Herz, ohne Scherz(keks)

HEY HO LET'S GO!

(frei nach ‚Blitzkrieg Bop' von den Ramones)

Hey! Ho! Let's Go! (3×)

WE LOVE VIENNA

We love Vienna – we do (3×)
First Vienna we love you

IT'S FIRST VIENNA

(Melodie nach ‚The Wild Rover')

And it's First Vienna
First Vienna is it
We're the finest football team
The world has ever seen

WE ARE VIENNA

We are Vienna
We are the rude boys (girls)
And we are mental
And we are mad
We are the loyalst football supporters
The world has ever had

EINE STADT

Eine Stadt, ein Verein
In dieser Stadt gibt's nur einen Verein
First Vienna, First Vienna
nur du allein bist hier daheim

VIENNA IS THE NAME

Yellow-blue is the colour
Football is the game
We're all together
Vienna is the name
We support yellow-blue, alright
Vienna, Vienna is the name
(indeed)

THAT'S VIENNA

(Melodie nach ‚That's Amore' von Dean Martin)
What a wonderful day
Singing Ho singing Hey
That's Vienna
When we're scoring a goal
We will drink alcohol
That's Vienna
We are playing so fine
And we drink lots of wine
That's Vienna
We are drinking tequila
But it's not Aston Villa
It's Vienna

VIENNA FAMILY

(Melodie nach dem Titelsong der Fernsehserie ‚Addams Family')
Wir trinken und wir stinken
Wir sind die bösen Linken
The linesman is a wanker
Vienna Family
Wir sniffen und wir kiffen
Wir sind die ganz die Vifen
Der Schiri ist ein Bastard
Vienna Family

FIRST VIENNA WE'RE PROUD TO SEE YOU PLAY

(Melodie nach ‚Rule Britannia')
First Vienna
We're proud to see you play
While we sing this song
We win the game

COME ON COME ON

Come on, come on
Come on, come on
Come on, come on, come on
Blau-gelb!

VIENNA SUPPORTERS

Toora-loora-loora-yay (3×)
Vienna Supporters

MY HEART

My heart burns for yellow
My heart burns for blue
My heart burns for Vienna
My heart burns for you
Ooooooooooooooooooooh
Viiii-eeeen-naaaa

VI-ENNA

(Melodie nach ‚Ti Amo' von Umberto Tozzi)
Vi-enna einfach nur Vi-enna
immer nur Vi-enna
in unsrem Leben kann's nichts Schön'res geben
als unsere Vi-enna (3×)

TRULY MADLY DEEPLY

I'll be your dream, I'll be your wish, I'll be your fantasy
I'll be your hope, I'll be your love, be everything that you need
I'll love you more with every breath
Truly, madly, deeply do
I will be strong I will be faithful
'cause I'm counting on
A new beginning
A reason for living
A deeper meaning, yeah
I want to stand with you on a mountain
I want to bath with you in the sea
I want to lay like this forever
Until the sky falls down on me
And when the stars are shining brightly in the velvet sky,
I'll make a wish send it to heaven then make you want to cry
The tears of joy for all the pleasure and the certainty
That we're surrounded by the comfort and protection of
The highest power, in lonely hours, the tears devour you
I want to stand with you on a mountain
I want to bath with you in the sea
I want to lay like this forever
Until the sky falls down on me

GOTTA GO

From the east coast to the west coast
First Vienna Football Club
True sounds of a revolution
First Vienna Football Club
In our hearts and in our souls
First Vienna Football Club
United we stand, divided we fall
First Vienna Football Club

VI-EN-NA

Vi-Vi-Vi-Vi-Vi-Viiii
En-En-En-En-En-Eeeen
Na-Na-Na-Na-Na-Naaaa
First Vie-En-Na

EVERYWHERE WE FOLLOW

We love you,
we love you,
we love you
And everywhere we follow,
we follow,
we follow
Cause we support Vienna,
Vienna,
Vienna
And that's the way we like it,
we like it,
we like it
Oooooooo
oooooooo
oooooooo
That's the way – aha aha – we like it
aha aha
That's the way – aha aha – we like it
aha aha
Oooooooo
VIENNA
oooooooo
VIENNA

VIENNALIEBE

(Melodie nach ‚Teenager Liebe' von den Ärzten)
Ich liebe dich, ich träum' von dir,
in meinen Träumen bist du Europacupsieger!
Doch wenn ich aufwach, fällt's mir wieder ein!
Spielst ganz woanders, in Liga 3-2-1!

DERBY WORLD

(Melodie nach ‚Barbie Girl' von Aqua)
I'm a derby girl, in a derby world
It's fantastic, beer in plastic
I love the derby boooys, mitten in hernooois
Tatar nation, vienna is our päääischon
Come on derby, let's go derby

VIENNA IS OVER THE OCEAN

(‚My Bonnie Lies Over The Ocean')
Vienna is over the ocean, Vienna is over the sea,
Vienna is over the ocean, oh bring back Vienna to me!
Bring back, bring back, oh bring back Vienna to me, to me (2×)

KLEINE VIENNA

(Melodie nach dem Titelsong der Fernsehserie ‚Pinocchio')
Dum dum dum dum
Dum dum dum dum
Dum dum dum dum
Dum dum dum dum
Kleine Vienna
Freche Vienna
Die Welt ist groß und Du bist klein
Wir wollen einmal Meister sein
Das wär doch fein
Ohhhh
Vieeeee
Jäääää
Naa

VIENNA HERBEI

Vienna herbei
Groß und Klein
Fasst euch alle an der Hand
An der Hand
Ich zeig euch den Weg
Kommt doch mit in das Bundesligaland
Wunderland
Wo Gegner mit Punkten rechnen
Müssen wir Gesetze brechen
Lupferl, Schupferl, noch ein Dupferl
Und ein stolzer Antel Franz
Der wartet schon
Der wartet schon

Aufarbeitung und Zusammenstellung der Chants erfolgte durch die Döblinger Kojoten und die Vienna Wanderers.
Quelle: First Vienna Football Club 1894 Supporters
http://www.firstviennasupporters.com/?page_id=461

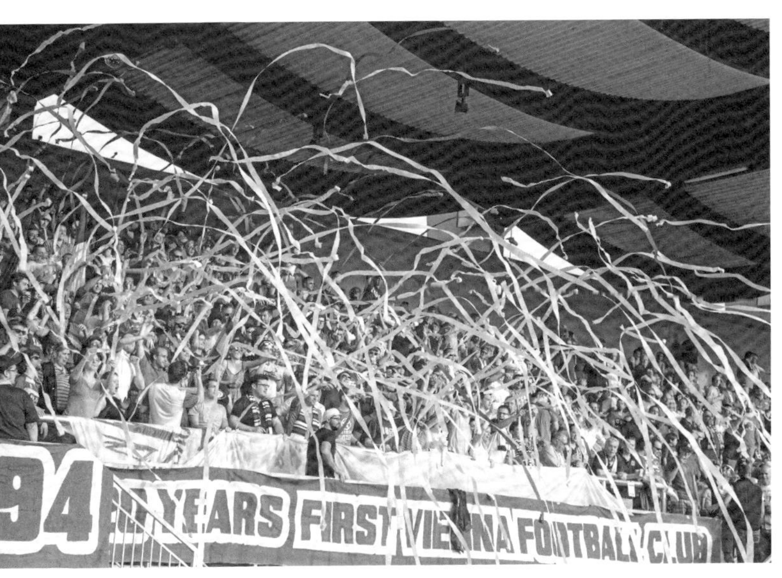

Vienna-Fanblock am 23. Mai 2014 gegen den TSV Hartberg.

Arena: Österreichs größtes alternatives Kultur- und Kommunikationszentrum, vor 30 Jahren auf den Gründen des Schlachthofs St. Marx im 3. Wiener Gemeindebezirk aus einer Besetzung entstanden.

Pandora's Box: Ehemaliges Lokal im 6. Wiener Gemeindebezirk.

Chelsea: Musik- und Veranstaltungslokal in den Stadtbahnbögen 29–32 im 8. Wiener Gemeindebezirk.

Frauen im Fußball (F_in): internationales Netzwerk und Zusammenschluss engagierter Anhängerinnen.

Flex: legendärer Livemusikclub direkt am Donaukanal in der Nähe vom Schottenring in der Wiener Innenstadt.

FreundInnen der Friedhofstribüne (FHT): Fankollektiv des Wiener Sport-Clubs, welches sich neben der Unterstützung des Vereins auch um die Förderung eines respektvollen und toleranten Umgangs miteinander bemüht. Kritiker der Gruppe sehen in ihr mehr eine NGO als einen Zusammenschluss von Fußballfans.

Fußballfans gegen Homophobie Österreich: Verein und Plattform, um homophobe Diskriminierung auf dem Fußballplatz zu thematisieren und zu bekämpfen.

Gruabn: legendäres, ehemaliges Stadion des SK Sturm Graz in der steirischen Landeshauptstadt.

IG Immobilien: Immobilienentwicklungsfirma, gehört zu 100 % der Österreichischen Nationalbank.

Käsekrainer: geräucherte Wurst mit einem gewissen Käseanteil im warmen Wasser gekocht. Sie gehört zum Standardrepertoire in den österreichischen Fußballstadien sowie Würstelständen.

Karl-Marx-Hof: bekanntester Wiener Gemeindebau – Wohnblock des kommunalen sozialen Wohnbaus – und Monument des Roten Wiens in Heiligenstadt. Bei Eröffnung im Oktober 1930 umfasste die Anlage rund 1.380 Wohnungen für 5.000 Einwohner und ist damit die längste zusammenhängende Wohnhausanlage der Welt.

Meteorologie: Zentralanstalt für Meteorologie und Geodynamik (ZAMG), staatliche Forschungseinrichtung mit charakteristischem Radarturm, die sich oberhalb des Vienna-Stadions auf der Hohen Warte befindet.

Mondiali Antirazzisti: nichtkommerzielles Fußballturnier von politisch linksorientierten Fangruppen und Fußballfans. Findet jährlich seit Ende der 1990er Jahre in der Nähe von Modena statt.
Movimento: alternatives Kulturzentrum im 11. Wiener Bezirk Simmering.
Schilcher: Weinspezialität aus der Steiermark.
Tennisstüberl: Eigentlich die „Vienna Lounge", vereinseigenes Lokal im Gebäude der Tennissektion.
Wiener Stadthallen Fußball Turnier: ehemals jährlich um das Jahresende ausgetragenes legendäres Hallenfußballturnier, zuletzt ausgetragen 2009.
Tatort Stadion: Wanderausstellung zu Rassismus und Diskriminierung im Fußball, organisiert vom Fan-Netzwerk Bündnis Aktiver Fußballfans e.V. (BAFF).
Ute-Bock-Cup: Großes Fußballkleinfeldturnier mit Livemusik, veranstaltet auf dem WSC-Platz, dessen Einnahmen dem Flüchtlingsverein „Ute Bock" zugeführt werden.
Venster 99: Alternativer Veranstaltungsort und Lokal im Stadtbahnbogen 99 im 9. Wiener Gemeindebezirk.
Vienna Vikings: überaus erfolgreicher österreichischer American Football Verein, der seine Heimspiele jahrelang schon im Stadion Hohe Warte veranstaltet.
Wiener Sport-Club (WSC): langjähriger Wiener Rivale aus dem 17. Wiener Gemeindebezirk. Im Gegensatz zum großen Wiener Derby (zwischen Rapid und Austria) spielen Vienna und WSC das kleine Wiener Derby aus. Beide Vereine verbinden sportliche Erfolge und Turbulenzen jeglicher Art, sowie eine in vielen Belangen ähnliche Fanszene, die überaus gute Verbindungen untereinander pflegt.

Corner: Eckball *(Im Gegensatz zu Deutschland, wo viele Fußballbegriffe germanisiert wurden, haben sich in Österreich einige englische Originalbegriffe gehalten.)*
Fetzen: kleines Stück Stoff, Papier etc., billiges Kleidungsstück, im Fußballkontext Banner bzw. Zaunfahne
Freunderlwirtschaft: Günstlingswirtschaft
(sich) genieren: sich schämen
gestopft, gestopfte Leute: reich, wohlhabende Leute
Gewand: Kleidung
Grätzl: kleiner Teil eines Wohnbezirks
Gstätten: wildes Stück Land, heruntergekommener Ort
Haberer: Freund, Kumpan, Zechbruder
leiwand: nett, in Ordnung
picken bleiben: an einem Ort bleiben, obwohl es nicht geplant ist
Sackerl: Papier- oder Plastiktüte
Schlatz: Speichel
Schmattes: Trinkgeld
sekkieren: belästigen, quälen, ärgern
Tacheles reden: offen, freimütig reden, zur Sache kommen
Watschen: Ohrfeige

Glossar erstellt nach Robert Sedlaczek, Wörterbuch des Wienerischen, Innsbruck u. Wien 2011 sowie Robert Sedlaczek, Österreichisch fia Fuaßboifäns, Wien 2016. Wer mehr über den Dialekt der Wienerinnen und Wiener erfahren will, dem seien diese Bücher ans Herz gelegt.

Internet Ressourcen

Antifa Döbling: antifadoebling.blogsport.de
Brigata GialloRossa: http://brigatagiallorossa05.blogspot.co.at/
Döblinger Kojoten: www.doeblingerkojoten.at
First Vienna Football Club 1894: www.firstviennafc.at
First Vienna Football Club 1894 Supporters: www.firstviennasupporters.com
Plüsch Pony Bande: https://www.facebook.com/PlueschPonyBande/
Vienna im Austrian Soccer Board: https://www.austriansoccerboard.at/forum/54-first-vienna-fc-1894/
Vienna Flathats: https://www.facebook.com/flathats/
Vienna Wanderers 08: wanderers.blogsport.de
Viennaforum: http://viennaforum.pips.at/forum.php

Literatur

Betz Susanne Helene u.a. (Hgg.), „… mehr als ein Sportverein". 100 Jahre Hakoah Wien 1909 – 2009, Wien u. Innsbruck 2009.

Decker Karl, Mein Leben für den Fußball. Eine Fußballegende erinnert sich, Wien 1998.

First Vienna Football Club 1894 (Hg.), 115 Jahre First Vienna Football Club 1894, Wien 2009.

First Vienna Football Club 1894 (Hg.), 100 Jahre First Vienna Football Club 1894, Wien 1994.

First Vienna Football Club 1894 (Hg.), 95 Jahre First Vienna Football Club 1894, Wien 1989.

First Vienna Football Club 1894 (Hg.), 85 Jahre First Vienna Football Club 1894, Wien 1979.

First Vienna Football Club 1894 (Hg.), 80 Jahre First Vienna Football Club 1894, Wien 1974.

First Vienna Football Club 1894 (Hg.), Österreichs Fußballpionier, Wien 1969.

First Vienna Football Club 1894 (Hg.), 60 Jahre First Vienna Football Club 1894, Wien 1954.

First Vienna Football Club 1894 (Hg.), First Vienna Football Club 1894 – 1919. 25 Jahre Wiener Fußball, Wien 1919.

First Vienna Football Club 1894 Supporters (Hg.), Vertrieben und ermordet. Jüdische Mitglieder des First Vienna Football Club 1894, Wien 2018.
Göschl Nadja, Die Geschichte des First Vienna Football Club von 1894 bis 1993, unveröffentlichte Diplomarbeit, Universität Wien 1993.
Hafer Andreas/Hafer Wolfgang, Hugo Meisl oder Die Erfindung des modernen Fußballs. Eine Biografie, Göttingen 2007.
Hinteregger Daniel, Blau-Gelb ist mein Herz, ich sterb in Döbling: Zugangsarten, Motivdimensionen und Bedeutung des Vereins für das Alltagsleben und die Identitätsbildung der Fans des First Vienna Football Club 1894, unveröffentlichte Diplomarbeit, Universität Wien 2007.
Horak Roman, Ein halbes Jahrhundert am Ball. Wiener Fußballer erzählen, Wien 2010.
Juraske Alexander, „Blau-Gelb ist mein Herz." Die Geschichte des First Vienna Football Club 1894, Wien 2017.
Juraske Alexander, „Judenxandl und Stadtpelz." Die vergessenen jüdischen Funktionäre des First Vienna Football Club 1894, in: Aschkenas Band 27, Heft 1, 2017, S. 39 – 56.
Juraske Alexander, Der First Vienna FC und seine jüdischen Funktionäre – eine Bestandsaufnahme, in: Siegfried Göllner u. a. (Hgg.), Zwischen Provinz und Metropole. Fußball in Österreich, S. 97 – 104.
Juraske Alexander, Der First Vienna Football Club 1894 in den Jahren 1938 bis 1945, in: Jakob Rosenberg u. a. (Hgg.), Fußball unterm Hakenkreuz in der „Ostmark", Göttingen 2014, S. 138 – 153.
Juraske Alexander, Sabotage für die Vienna. Fußball unterm Hakenkreuz Nr. 33, in: Ballesterer Nr. 87, Dezember 2013, S. 74 – 76.
Juraske Alexander, Die Geschäfte des Herrn P. Fußball unterm Hakenkreuz Nr. 33, in: Ballesterer Nr. 87, Dezember 2013, S. 77.
Juraske Alexander, Casino Stadion Hohe Warte, in: Reinaldo H. Coddou (Hg.), Fußballtempel, Mannheim 2011, S. 237.
Juraske Alexander/Reinhard Krennhuber, Vienna falling, in: Ballesterer Nr. 86, November 2013, S. 40 – 43.
Kastler Karl, Fußballsport in Österreich. Von den Anfängen bis in die Gegenwart, Linz 1974.
Langisch Karl, Geschichte des österreichischen Fußballsports, Wien 1965.

Maderthaner Wolfgang u. a. (Hgg.), Die Eleganz des runden Lebers. Wiener Fußball 1920 – 1965, Göttingen 2008.
Reppé Susanne, Der Karl Marx Hof. Geschichte eines Gemeindebaus und seiner Bewohner, Wien 1993.
Rosenberg Jakob/Spitaler Georg, Grün-Weiss unterm Hakenkreuz. Der Sportklub Rapid im Nationalsozialismus (1938 – 1945), Wien 2011.
Schidrowitz Leo, Geschichte des Fußballsports in Österreich, Wien 1951.
Schwind Karl Heinz, Geschichten aus einem Fußballjahrhundert, Wien 1994.
Tinhof Gerhard, „Ostwärts". Die Regionaliga Ost von 1959 – 2011, Leobersdorf 2011.

In der Reihe Bibliothek des Österreichischen Fußballs sind bereits erschienen:

Bd. 1 First Vienna Football Club (Alexander Juraske)
Bd. 2 SK Rapid Wien (Thomas Lanz)
Bd. 3 Wiener Sport-Club (Christian Bunke)
Bd. 4 FK Austria Wien (Clemens Zavarsky)

In der Reihe Bibliothek des Deutschen Fußballs sind bereits erschienen:

Bd. 1 1. FC Union Berlin (Jörn Luther)
Bd. 2 SV Babelsberg 03 (Rico Noack)
Bd. 3 BFC Dynamo (Marco Bertram)
Bd. 4 FC Energie Cottbus (Jens Batzdorf)
Bd. 5 1. FC Lokomotive Leipzig (Freundeskreis Probstheida)
Bd. 6 BSG Chemie Leipzig (Alexander Mennicke)
Bd. 7 1. FC Magdeburg (Jente Knibbiche)
Bd. 8 F.C. Hansa Rostock (Marco Bertram)
Bd. 9 1. FC Nürnberg (Benjamin Wolf)
Bd. 10 FC Rot-Weiß Erfurt (Matthias Klaß)
Bd. 11 1. FC Köln (Andreas Merkel)
Bd. 12 SG Dynamo Dresden (Uwe Leuthold)
Bd. 13 FC Sankt Pauli (Fabian Fritz & Gregor Backes)
Bd. 14 SV Waldhof Mannheim (Andi Nowey)
Bd. 15 FC Carl Zeiss Jena (Jörg Dern & Toni Schley)
Bd. 16 FC Bayern München (Marcel Neudeck)
Bd. 17 Borussia Mönchengladbach (Steffen Andritzke)
Bd. 18 Eintracht Braunschweig (Uli Hannemann)
Bd. 19 S.C. Fortuna Köln (Heribert Rösgen & Matthias Langer)
Bd. 20 FSV Frankfurt (Franziska Blendin)
Bd. 21 BSG Wismut Gera (Mario Krüger)
Bd. 22 FSV Zwickau (Norbert Peschke & Dieter Völkel)
Bd. 23 Fußball in der DDR (Frank Willmann)
Bd. 24 TSV 1860 München (Stephanie Dilba)